技工院校"十四五"规划广告设计专业系列教材
中等职业技术学校"十四五"规划艺术设计专业系列教材

广告学

刘芊宇　冯志瑜　刘筠烨　主编
吕春兰　简为轩　副主编

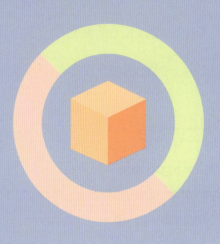

华中科技大学出版社
http://www.hustp.com
中国·武汉

内容简介

本书根据广告设计专业相关岗位的工作要求,讲解广告设计专业基础知识和专业技能相关内容。本书包括广告概论、广告的分类、广告学与其他学科的关系、广告的基本原理、广告实务、广告产业的未来六部分。本书力求做到理论结合实际,让学生理解基本概念,将广告设计理论与具体实践结合,夯实基础,强化实操。本书可以作为技工院校广告设计专业学生的专业教材,也可以作为广告设计专业相关从业人员的参考用书。

图书在版编目(CIP)数据

广告学/刘芊宇,冯志瑜,刘筠烨主编. —武汉:华中科技大学出版社,2021.6
ISBN 978-7-5680-7218-2

Ⅰ.①广… Ⅱ.①刘… ②冯… ③刘… Ⅲ.①广告学-职业教育-教材 Ⅳ.①F713.80

中国版本图书馆 CIP 数据核字(2021)第 109598 号

广告学
Ganggao Xue

刘芊宇　冯志瑜　刘筠烨　主编

策划编辑:	金　紫
责任编辑:	周怡露
装帧设计:	金　金
责任校对:	李　弋
责任监印:	朱　玢

出版发行:华中科技大学出版社(中国·武汉)　　电　　话:(027)81321913
　　　　　武汉市东湖新技术开发区华工科技园　　邮　　编:430223
录　　排:天津清格印象文化传播有限公司
印　　刷:湖北新华印务有限公司
开　　本:889mm×1194mm　1/16
印　　张:8
字　　数:256千字
版　　次:2021年6月第1版第1次印刷
定　　价:49.80元

本书若有印装质量问题,请向出版社营销中心调换
全国免费服务热线 400-6679-118 竭诚为您服务
版权所有　侵权必究

技工院校"十四五"规划广告设计专业系列教材
中等职业技术学校"十四五"规划艺术设计专业系列教材
编写委员会名单

● 编写委员会主任委员

文健（广州城建职业学院科研副院长）
叶晓燕（广东省交通城建技师学院艺术设计系主任）
周红霞（广州市工贸技师学院文化创意产业系主任）
黄计惠（广东省轻工业技师学院工业设计系教学科长）
罗菊平（佛山市技师学院应用设计系副主任）
宋雄（广州市工贸技师学院文化创意产业系副主任）
张倩梅（广东省交通城建技师学院艺术设计系副主任）
吴锐（广州市工贸技师学院文化创意产业系广告设计教研组组长）
汪志科（佛山市拓维室内设计有限公司总经理）
林姿含（广东省服装设计师协会副会长）

● 编委会委员

陈杰明、梁艳丹、苏惠慈、单芷颖、曾铮、陈志敏、吴晓鸿、吴佳鸿、吴锐、尹志芳、陈思彤、曾洁、刘毅艳、杨力、曹雪、高月斌、陈矗、高飞、苏俊毅、何淦、欧阳敏琪、张琮、冯玉梅、黄燕瑜、范婕、杜聪聪、刘新文、陈斯梅、邓卉、卢绍魁、吴婧琳、钟锡玲、许丽娜、黄华兰、刘筠烨、李志英、许小欣、吴念姿、陈杨、曾琦、陈珊、陈燕燕、陈媛、杜振嘉、梁露茜、何莲娣、李谋超、刘国孟、刘芊宇、罗泽波、苏捷、谭桑、徐红英、阳彤、杨殿、余晓敏、刁楚舒、鲁敬平、汤虹蓉、杨嘉慧、李鹏飞、邱悦、冀俊杰、苏学涛、陈志宏、杜丽娟、阳丽艳、黄家岭、冯志瑜、丛章永、张婷、劳小芙、邓梓艺、龚芷玥、林国慧、潘启丽、李丽雯、赵奕民、吴勇、刘殷君、陈玥冰、赖正媛、王鸿书、朱妮迈、谢奇肯、杨晓玲、吴滨、胡文凯、刘灵波、廖莉雅、李佑广、曹青华、陈翠筠、陈细佳、代小红、古燕苹、胡年金、荆杰、李津真、梁泉、吴建敏、徐芳、张秀婷、周琼玉、张晶晶、李春梅、高慧兰、陈婕、蔡文静、付盼盼、谭珈奇、熊洁、陈思敏、陈翠锦、李桂芳、石秀萍、周敏慧、邓兴兴、王云、彭伟柱、马殷睿、汪恭海、李竞昌、罗嘉劲、姚峰、余燕妮、何蔚琪、郭咏、马晓辉、关仕杰、杜清华、祁飞鹤、赵健、潘泳贤、林卓妍、李玲、赖柳燕、杨俊龙、朱江、刘珊、吕春兰、张焱、甘明坤、简为轩、陈智盖、陈佳宜、陈义春、孔百花、何旭、刘智志、孙广平、王婧、姚歆明、沈丽莉、施晓凤、王欣苗、陈洁冬、黄爱莲、郑雁、罗丽芬、孙铁汉、郭鑫、钟春琛、周雅靓、谢元芝、羊晓慧、邓雅升、阮燕妹、皮添翼、麦健民、姜兵、童莹、黄汝杰、薛晓旭、陈聪、邝耀明

● 总主编

文健，教授，高级工艺美术师，国家一级建筑装饰设计师。全国优秀教师，2008年、2009年和2010年连续三年获评广东省技术能手。2015年被广东省人力资源和社会保障厅认定为首批广东省室内设计技能大师，2019年被广东省教育厅认定为建筑装饰设计技能大师。中山大学客座教授，华南理工大学客座教授，广州大学建筑设计研究院室内设计研究中心客座教授。出版艺术设计类专业教材120种，拥有具有自主知识产权的专利技术130项。主持省级品牌专业建设、省级实训基地建设、省级教学团队建设3项。主持100余项室内设计项目的设计、预算和施工，项目涉及高端住宅空间、办公空间、餐饮空间、酒店、娱乐会所、教育培训机构等，获得国家级和省级室内设计一等奖5项。

● 合作编写单位

（1）合作编写院校

广州市工贸技师学院
佛山市技师学院
广东省交通城建技师学院
广东省轻工业技师学院
广州市轻工技师学院
广州白云工商技师学院
广州市公用事业技师学院
山东技师学院
江苏省常州技师学院
广东省技师学院
台山敬修职业技术学校
广东省国防科技技师学院
广东工业大学华立学院
广东省华立技师学院
广东花城工商高级技工学校
广东岭南现代技师学院
广东省岭南工商第一技师学院
阳江市第一职业技术学校
阳江技师学院
广东省粤东技师学院
惠州市技师学院
中山市技师学院
东莞市技师学院
江门市新会技师学院
台山市技工学校
肇庆市技师学院
河源技师学院

广州市蓝天高级技工学校
茂名市交通高级技工学校
广州城建技工学校
清远市技师学院
梅州市技师学院
茂名市高级技工学校
广东汕头市高级技工学校
广东省电子信息高级技工学校
东莞实验技工学校
珠海市技师学院
广东省工业高级技工学校
广东省工商高级技工学校
深圳市携创高级技工学校
广东江南理工高级技工学校
广东羊城技工学校
广州市从化区高级技工学校
肇庆市商业技工学校
广州造船厂技工学校
海南省技师学院
贵州省电子信息技师学院
广东省民政职业技术学校
广州市交通技师学院

（2）合作编写组织

广州市赢彩彩印有限公司
广州市壹管念广告有限公司
广州市璐鸣展览策划有限责任公司
广州波错展览设计有限公司
广州市风雅颂广告有限公司
广州质本建筑工程有限公司
广东艺博教育现代化研究院
广州正雅装饰设计有限公司
广州唐寅装饰设计工程有限公司
广东建安居集团有限公司
广东岸芷汀兰装饰工程有限公司
广州市金洋广告有限公司
深圳市千千广告有限公司
广东飞墨文化传播有限公司
北京迪生数字娱乐科技股份有限公司
广州易动文化传播有限公司
广州市云图动漫设计有限公司
广东原创动力文化传播有限公司
菲逊服装技术研究院
广州珈钰服装设计有限公司
佛山市印艺广告有限公司
广州道恩广告摄影有限公司
佛山市正和凯歌品牌设计有限公司
广州泽西摄影有限公司
Master 广州市熥大师艺术摄影有限公司

序 言

技工教育和中职中专教育是中国职业技术教育的重要组成部分，主要承担培养高技能产业工人和技术工人的任务。随着"中国制造2025"战略的逐步实施，建设一支高素质的技能人才队伍是实现规划目标的必备条件。如今，国家对职业教育越来越重视，技工和中职中专院校的办学水平已经得到很大的提高，进一步提高技工和中职中专院校的教育、教学和实训水平，提升学生的职业技能，弘扬和培育工匠精神，已成为技工院校和中职中专院校的共同目标。而高水平专业教材建设无疑是技工院校和中职中专院校教育特色发展的重要抓手。

本套规划教材以国家职业标准为依据，以综合职业能力培养为目标，以典型工作任务为载体，以学生为中心，根据典型工作任务和工作过程设计教学项目和学习任务。同时，按照工作过程和学生自主学习的要求进行内容设计，实现理论教学与实践教学合一、能力培养与工作岗位对接合一、实习实训与顶岗工作合一。

本套规划教材的特色在于，在编写体例上与技工院校倡导的"教学设计项目化、任务化，课程设计教、学、做一体化，工作任务典型化，知识和技能要求具体化"紧密结合，体现任务引领实践的课程设计思想，以典型工作任务和职业活动为主线设计教材结构，以职业能力培养为核心，将理论教学与技能操作相融合作为课程设计的抓手。本套规划教材在理论讲解环节做到简洁实用，深入浅出；在实践操作训练环节体现以学生为主体的特点，创设工作情境，强化教学互动，让实训的方式、方法和步骤清晰，可操作性强，并能激发学生的学习兴趣，促进学生主动学习。

本套规划教材由全国40余所技工院校和中职中专院校广告设计专业共60余名一线骨干教师与20余家广告设计公司一线广告设计师联合编写。校企双方的编写团队紧密合作，取长补短，建言献策，让本套规划教材更加贴近专业岗位的技能需求，也让本套规划教材的质量得到了充分的保证。衷心希望本套规划教材能够为我国职业教育的改革与发展贡献力量。

技工院校"十四五"规划广告设计专业系列教材
中等职业技术学校"十四五"规划艺术设计专业系列教材
总主编

教授／高级技师 文健

2021年5月

前 言

广告学是广告设计专业的一门基础必修课。广告学是研究广告活动的历史、理论、策略、制作与经营管理的学科。本书对学生的理解能力要求较高,需要学生具备一定的文化创意能力和艺术思维能力。目前面向高等教育广告学的教材较多,但因其理论性较强,并不太适合技工院校的学生使用。因此编写一套适合技工院校师生使用的教材是十分必要的。

本书在编写体例上与技工院校倡导的教学设计和教学实践一体化、工作任务典型化、知识和技能要求具体化等紧密结合;紧贴广告设计专业的岗位技能需求,在理论讲解环节做到简洁实用,深入浅出;在实践训练环节,以广告案例的展示与分析作为切入点,以图文并茂的方式引导学生理解广告的设计创意,体现了以学生为主体,创设工作情境,强化教学互动的职业教育理念。本书非常适合技工院校学生学习和进行实操练习,能激发学生的学习兴趣,调动学生学习的主动性。

本书由广东省轻工业技师学院刘芊宇老师、肇庆市技师学院冯志瑜老师、广东省技师学院刘筠烨老师、佛山市技师学院吕春兰老师和企业设计师简为轩共同编写。由于编者的专业能力有限,本书可能存在一些不足之处,敬请读者批评指正。

刘芊宇
2021年3月

课时安排（建议课时 54）

项目	课程内容	课时	
项目一 广告概论	学习任务一　广告的起源与发展	2	8
	学习任务二　中国广告发展史	2	
	学习任务三　外国广告发展史	2	
	学习任务四　广告的定义和构成要素	2	
项目二 广告的分类	学习任务一　按诉求方式分类	2	8
	学习任务二　按广告传播媒介分类	2	
	学习任务三　按广告目的分类	2	
	学习任务四　按广告传播区域和对象分类	2	
项目三 广告与其他学科的关系	学习任务一　广告学与市场营销学	2	6
	学习任务二　广告学与心理学	2	
	学习任务三　广告学与社会学	2	
项目四 广告的基本原理	学习任务一　定位理论	2	12
	学习任务二　USP 理论	2	
	学习任务三　4P 理论与 4Cs 理论	2	
	学习任务四　5W 模式	2	
	学习任务五　消费者行为	2	
	学习任务六　认知理论与广告心理学	2	
项目五 广告实务	学习任务一　广告市场调查	2	12
	学习任务二　广告创意	2	
	学习任务三　广告文案	2	
	学习任务四　广告策划	2	
	学习任务五　广告媒介	2	
	学习任务六　广告效果测评	2	
项目六 广告产业的未来	学习任务一　全球化背景下的广告产业	2	6
	学习任务二　数字技术背景下的广告产业	2	
	学习任务三　产业融合背景下的广告产业	2	

目 录

项目一 广告概论
学习任务一　广告的起源与发展 …………………………… 002
学习任务二　中国广告发展史 ……………………………… 008
学习任务三　外国广告发展史 ……………………………… 013
学习任务四　广告的定义和构成要素 ……………………… 018

项目二 广告的分类
学习任务一　按诉求方式分类 ……………………………… 024
学习任务二　按广告传播媒介分类 ………………………… 027
学习任务三　按广告目的分类 ……………………………… 032
学习任务四　按广告传播区域和对象分类 ………………… 035

项目三 广告与其他学科的关系
学习任务一　广告学与市场营销学 ………………………… 040
学习任务二　广告学与心理学 ……………………………… 043
学习任务三　广告学与社会学 ……………………………… 046

项目四 广告的基本原理
学习任务一　定位理论 ……………………………………… 050
学习任务二　USP 理论 ……………………………………… 053
学习任务三　4P 理论与 4Cs 理论 ………………………… 057
学习任务四　5W 模式 ……………………………………… 061
学习任务五　消费者行为 …………………………………… 065
学习任务六　认知理论与广告心理学 ……………………… 070

项目五 广告实务
学习任务一　广告市场调查 ………………………………… 076
学习任务二　广告创意 ……………………………………… 084
学习任务三　广告文案 ……………………………………… 091
学习任务四　广告策划 ……………………………………… 097
学习任务五　广告媒介 ……………………………………… 100
学习任务六　广告效果测评 ………………………………… 106

项目六 广告产业的未来
学习任务一　全球化背景下的广告产业 …………………… 110
学习任务二　数字技术背景下的广告产业 ………………… 113
学习任务三　产业融合背景下的广告产业 ………………… 116

参考文献 …………………………………………………… 119

项目一
广告概论

学习任务一 广告的起源与发展
学习任务二 中国广告发展史
学习任务三 外国广告发展史
学习任务四 广告的定义和构成要素

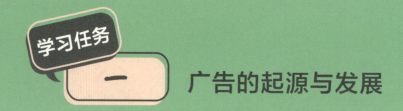

学习任务一 广告的起源与发展

教学目标

（1）专业能力：了解广告的起源；掌握中国古代的广告形式及其特点；了解机器印刷对广告业的影响；了解工业革命对报纸行业和广告业的影响；掌握广告代理业的内容。

（2）社会能力：关注当下日常生活中常见的广告与古代的广告在表现方法和表现形式上的差异；提炼古代广告的优点，并将其运用到当下广告设计中。

（3）方法能力：语言表达能力、逻辑思维能力、沟通能力、提炼及应用能力。

学习目标

（1）知识目标：了解我国古代出现的广告形式，了解广告代理业出现的标志。

（2）技能目标：能够将我国古代出现的广告形式与当下的广告形式进行对比，总结出古代广告的表现形式；能够根据各个时期的历史特点，归纳广告形式的特点。

（3）素质目标：能够深入了解广告业的起源及发展，并能够清晰表述自己的观点。

教学建议

1. 教师活动

（1）课前将广告出现的时间线索整理清晰，运用多媒体课件及教学视频展示相关资料，加深学生对各类广告的理解。

（2）通过设疑和开展课堂小游戏的方式与学生进行互动，引导学生多思考。

2. 学生活动

（1）认真观看多媒体课件及教学视频，记录遇到的问题。

（2）通过收集资料、与教师互动、与同学们讨论的方式，解决问题。

一、学习问题导入

广告的诞生和发展是一个漫长的过程。广告的外部形态和内涵一直处于变动之中，变动的原因有两个：一是媒介技术不断演进，为广告形态变化提供了内在动力；二是经济和社会文化不断发展，为广告形态变化提供外部动力。在内因和外因共同作用下，广告逐步从原始的单一形态发展到现代的综合形态。

广告最初的含义是"广而告之"，它并不局限于商业广告，在政治、军事以及社会文化领域也十分活跃。只是经济越来越发达后，广告在营销中的作用越来越强大，商业广告成为主要的广告类型。因此，回顾广告的起源和原始形态，是广告研究的逻辑起点。

二、学习任务讲解

1. 早期社会广告

在原始社会初期，人们只能以渔猎和采集的方式利用自然界的动植物维持生活。为了生存，人们需要相互交往，原始的信息传播在社会发展中发挥了重要作用。中国古代传说中的燧人氏教人钻木取火，伏羲氏教人结网捕鱼、狩猎的故事，反映了距今一万年前母系氏族社会中的发展状况。

随着社会文明的进步，人类早期的广告活动逐渐增多。据史料记载和有关考古发现，早期的广告是以社会行为为内容的社会广告。如迦勒底王国（公元前约626年—公元前538年）所建立的胜利纪念碑，用于宣扬战功和国家的强盛。

中国最初的文字广告多为政治、军事性质的社会广告。例如"诰"是夏、商、周三代统治者发布的一种训诫勉励的广告；"誓"是夏、商、周三代告诫将士的言辞。此后各朝代的"制""策书""诏书""檄文""露布"等，都是社会广告的形式。

在古埃及，商人们雇佣人穿越大街小巷高声呐喊，通告商船的到来。船主雇人穿上背心，背心前后写上船到岸的时间和船内装载的货物，让他们到街上来回走动。古罗马时代，常有告知牌标示出卖货物或公演戏剧的信息。古希腊时代，商人通常用喊叫的方式来发布出售奴隶或牲畜的信息。这些也是早期的社会广告形式。

今天人们能够见到的最古老的广告实物，是现收藏于大英博物馆的一张写在莎草纸上的广告。这则广告的发布时间约在公元前1000年，是古埃及奴隶主为悬赏缉拿一个逃跑的奴隶而张贴的（图1-1）。

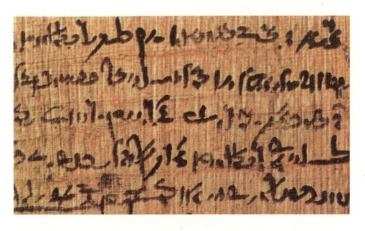

图1-1释文："男奴西姆从善良的市民织布师哈布那里逃走。坦诚善良的市民们，请协助把他带回来。他身长5英尺2英寸（注：约1.6 m），面红目褐。有告知其下落者，奉送金环半副，将其带回本店者，愿奉送金环一副。"

——能按您的愿望织出最好布料的织布师哈布

图1-1 现存最古老的广告实物

这则广告已具备了广告的几项基本要求，具体如下。

（1）广告主——织布师哈布。

（2）信息——缉拿逃跑的奴隶。

（3）传播手段——运用媒体（莎草纸）、张贴海报。

（4）诱导——许以重赏（奉送金环）。

同时这则广告还不忘记宣传广告主。直至现在，这种广告形式仍有参考意义。

公元前79年，古罗马的庞贝古城因维苏威火山喷发而被摧毁。从发掘出的古迹看，那时的招牌或幌子之类的广告已相当发达。如卖葡萄酒的店门前挂着常青藤枝，奶牛厂前画着牛，饮料店的门前则悬挂着水罐的把手。世界上最早的官报《罗马公报》诞生于恺撒大帝统治时期，除记载重要的社会和政治事件外，也刊载大量的广告。公元900年左右，欧洲各国盛行由传报员沿街传报新闻，同时，这些传报员也被商人雇用，在集市上传达商品的优越性和价格等信息，以招徕顾客。

2. 中国经济广告的产生及其主要形式

中国原始社会末期出现了畜牧业和农业分离的第一次社会分工，形成了以原始农业为主的自然经济，同时促使经常性的物品交换出现。由原始社会转变为奴隶社会的时期，又出现了手工业从农业和畜牧业中分离的第二次社会大分工。距今4000多年的龙山文化中，出现了农业、畜牧业、手工业等经济生产部门的分工，生产力显著发展。生产力的发展和生产部门的社会分工使剩余产品增多，也使私有化成为可能。这时简单的商品交换就发展起来了（图1-2）。第三次社会大分工出现了专门从事商品交换的商人，随之形成了商人阶级和出现了商业。

图1-2 原始社会的商品交换

社会分工导致了商品生产和商品交换的出现。随着生产力和经济活动的不断发展，社会上逐渐形成了许多城市，并成为商品交易的中心。成书于战国时代的《易·系辞》（下）中记载："日中为市，致天下之民，聚天下之货，交易而退，各得其所。"可见，早在奴隶社会以前，中国就已出现了集市贸易。随着农业、手工业和商业的发展，形成了繁荣的市场交易，实现了商品互通。此时，出于尽快完成交换的需要，广告开始发展，成为古代商品交换必不可少的宣传工具。中国古代的广告主要有以下几种类型。

（1）口头广告。

口头广告是中国最早出现的广告形式，是为了适应当时物物交换的需要而出现的。古代人们在交换的时候，要让人们知道他有什么东西可以交换，要换回什么东西，这就需要口头叫喊。相传夏朝时王亥能造牛车，他驾着牛车，用帛和牛当货币，在部落之间做买卖。为了引起别人的注意和进行交易，他不断吆喝。诗人屈原在《楚辞·离骚》中记载："吕望之鼓刀兮，遭周文而得举。"并在《楚辞·天问》中提道："师望在肆……鼓刀扬声。""师望"就是吕望，即姜太公，他未被周文王起用之前，曾在朝歌当屠夫。姜太公鼓刀扬声，高声叫卖，以招揽生意。在中国广告史发展历程中，口头广告一直流传下来，并形成了很多各具行业特色的叫卖或吆喝方式。

（2）实物广告。

实物广告是商品推销和交换最原始的广告形式之一，在中国古代社会发展中较为普遍。实物广告和口头广告在中国古代几乎同时出现，密切相关。商代的"肇牵车牛远服贾"及后来在殷都朝歌出现的"九市"经营贸易，都是实物广告和口头广告相结合的表现形式。

《诗经·卫风·氓》中有"氓之蚩蚩,抱布贸丝",这里的"布"是交换媒介,也是一种实物广告。战国时期的《晏子春秋》中记载:"君使服之于内,而禁之于外,犹悬牛首于门,而卖马肉于内也。"这句话意思是"要使臣民从内心信服,要表里如一",但在客观上反映了当时将牛头陈列于门首以招徕顾客的情形。

(3)标记广告。

标记广告最初是在物件上加刻铭文、年号,用以宣告所有权或为纪念、装饰。随着商品经济和商品交换的发展,逐渐出现了商业性的标记。标记的样式较为简单,一般是把制造者或各种官工的印记刻在产品上。从春秋战国出土的文物中,发现不少民间手工业者制造的陶器、漆器以及绢绣等产品上都刻印"某记"的字样。如果少部分刻印着文字标记的产品在市场上作为商品交换,那么这些文字标记自然也就具有商标和招牌的作用。

(4)"商"与"贾"不同的广告形式。

周代至春秋时期,随着商品交换的进一步发展,商业作为一种特殊的职业从生产中独立出来,形成了专门从事商品交换的部门。商品交换始于直接的物物交换,买与卖的时间和地点是一致的,双方相互出让自己的商品,得到对方的商品。到周代,人们懂得了使用货币。

货币作为媒介,把买和卖分为两个过程。买卖的时间和地点的分离,使商品交换的形式发生了很大变化。商人买于此而卖于彼,从中取小利以营生。春秋时期,我国已有了商贾之分。东汉班固编撰的《白虎通·商贾》中有这样的话:"商之为言章也,章其远近,度其有亡,通四方之物,故谓之为商也。贾之为言固也,固其有用之物,待以民来,以求其利者也。故通物曰商,居卖曰贾。"行为商,坐为贾。即按照地区的远近和供求的实际情况,带着货物前往进行交易的,称为商;在固定场所销售货物并谋取利润的,称为贾。由于两者经商方式不同,传达商品信息的方式也不同,于是又产生了两种不同的广告形式。

① 行商的音响广告。

"商"以走街串巷、贩运叫卖为主,由于扯嗓吆喝不但费口舌,而且声音传不远,于是"音响广告"应运而生。音响广告在西周时代便出现了。《诗经·周颂·有瞽》一章里就有"箫管备举"的诗句。据汉代郑玄注:"箫,编小竹管,如今卖饧者所吹也。"唐代孔颖达疏:"其时卖饧之人,吹箫以自表也。"也就是说,在西周的时候,卖糖食的小贩就已经懂得以箫作为音响媒介,引起人们注意来招揽生意。

行商采用不同的器具,摇、打、划、吹,以各类特殊音响来代表不同的行业。货郎打小铜锣, 摇拨浪鼓;卖油郎敲"油梆子"; 磨刀人拿着四块刀形铁片串成的"铁滑链", 让铁片互相撞击。这种音响广告至今还流传于全国各地。

② 坐贾的招牌、幌子广告。

"贾"是指有固定营业场所的坐商。他们常用的广告形式是招牌和幌子。招牌最初是一种无字的布帘,后帘上题写了店铺名号,继而又以木牌代替布帘,在木牌上题写文字。招牌多用以指示店铺的名称和字号,可称为店标(店铺标记)。幌子原为布幔,后扩展到多种可吊挂的实物样式。幌子主要用来表示经营的商品类别或不同的服务项目,可称为行标(行业标记)。招牌和幌子在商业贸易中起着相当重要的作用。

3. 机器印刷的影响

15世纪四五十年代,德国工匠古登堡发明了铅活字印刷术,并得到广泛应用,标志着具有现代意义的广告开始出现。中国对印刷技术贡献很大,早在11世纪中期,北宋毕昇就发明了活字印刷术。13世纪末,元人王祯又对活字印刷术做了改进。随后,活字印刷术传入欧洲,欧洲人采用了机器印刷。从15世纪中叶开始,印刷在欧洲已成为一个行业,出版物得以大批量印制,促进了印刷传单、招贴标语和商业名片等广告形式的发展。1477年,英国印刷商威廉·卡克斯顿为了推销其开办的印刷所印制的《圣经》,制作了一份招贴广告,并用机器印刷,篇幅为12.5 cm×17.5 cm。这是世界上第一份用机器印刷的英文广告。

机器印刷技术的成熟促进了报纸和杂志等印刷媒体的发展。1625年,英文版的《英国信使报》第一次在背面版上刊登了一则推销图书的广告，这被认为是世界上最早出现的报纸广告。而广告历史学家亨利·桑普认为，第一则名副其实的报纸广告应为英国《新闻周报》刊载的要求寻找被盗的12匹马的悬赏启事。广告一般放在特定的商业性栏目中，以引起读者的注意，这些栏目往往采用了"advertisement"（原意为"通告"）作为标题，以至advertisement后来成为"广告"的专用词汇。17世纪中期以后，"广告"这一名词已经得到普遍使用。经常做广告的商品有咖啡、茶、巧克力、药品等。招牌、传单、小册子以及期刊等媒体也都得到了广泛的应用。但是，早期的报纸和报纸广告没有受到人们的足够重视。如英国第一家被官方承认的报馆就声称，为书籍、药品等诸如此类的商品做广告"不是一份有理性的报纸的适当业务"，因此拒绝登载广告。从1712年起，英国议会决定对报馆增收印花税，每份报纸和每则报纸广告都要征税。这些都在一定程度上限制了报纸广告的发展。

4. 工业革命的冲击

12—15世纪，中国的四大文明先后传入欧洲，促进了欧洲科学文化的进步。欧洲资本主义进入初期发展阶段，先后进入产业革命时期，由此带动了印刷出版业，特别是报纸业的发展。1728年，美国人本杰明·富兰克林创办的《宾夕法尼亚报》大量刊载广告并运用插图以吸引读者和广告商。19世纪以后，工业革命带来的大规模生产，使商品销量急剧增加，迫切需要借助于广告这一推销手段。报纸的发行量也开始上升，生产商需要利用报纸这样的大众传播媒体刊载广告，扩散商品信息。而广告亦逐渐成为报纸收入的一项主要来源，报纸的读者队伍迅速壮大，实现了大众化，商业报纸于19世纪30年代先后在美国、英国、法国等国家出现。这一时期，报纸和报纸广告有了较快的发展，如英国《泰晤士报》在1815年时的发行量为5000份，每天登载广告约100条，到1854年已达到5万份，广告量在此时也达到每天400多条。

随着科学技术的不断进步，包括报刊广告在内的各种广告表现形式和手段有了较快的发展。1853年美国纽约的《每日论坛报》第一次用照片为一家帽子店做广告，摄影广告由此出现。1882年英国伦敦安装了世界上第一个灯光广告。1910年，法国最早在巴黎举办的国际汽车展览会上使用了霓虹灯广告。一年以后，巴黎一家时装店安装了第一个用霓虹灯制作的招牌，从此以后霓虹灯广告就成为最流行的户外广告。1932—1934年，美国芝加哥百年进步博览会将霓虹灯广告进一步普及。路牌广告也进一步标准化、规格化，不仅传递了信息，还美化了环境。20世纪20年代以后，广播、电视等应运而生，使传播广告信息的媒体大量增加，形式也更为丰富。

5. 广告业的形成

自然经济形态下的广告活动，往往与商品生产者和经营者联系在一起，因此无法形成专门的行业。1141年，法国卜莱州出现了一个由12人组成的叫卖组织，他们与特定的酒店签订合同，以吹角笛谋取收入，这种广告活动已有了一些职业的意味。但真正以广告活动为职业的，是在资本主义经济得到快速发展的时期。这一时期广告量不断增加，需要有专门从事这种广告活动的行业来服务。

最初的广告业与报刊业共存，由于经济繁荣和科学技术的进步，人们对信息传播的需求不断增大，近代报纸逐渐发展起来。到19世纪中叶，美国已有2070种报纸，欧洲大陆的廉价报纸也越来越多。报纸经营者通过广告可以获取可观的收入，读者通过阅读广告栏获取日常生活的消费信息，而商人则通过报纸广告把有关的销售信息在更大的空间范围扩散开来获利。这种相互依存的利益使报纸广告业务日益兴旺发达，于是就产生了以经营报纸版面为生计的报纸掮客，这就是早期的广告代理业。1786年，英国人威廉·泰勒为《梅德斯通》杂志揽到一则广告，因此他被视为英国广告代理商第一人。1800年，詹姆斯·怀特建立了第一个广告公司。1812年，现在欧洲十大广告公司集团之一的查尔斯巴克公司的前身劳森巴克广告公司成立。1841年，被认为是美国第一位广告经纪人的帕默在美国费城出现。他为报纸推销版面，通过向广告主提供报纸资料信息服务，为广告客户撰写文案等，以吸引版面买主，然后从报社抽取25%（后降至15%）的佣金。这种收取代理费的做法后来沿袭了下来。这些报纸掮客一般与报社有着密切的联系，有些代理业甚至就是报社的下属组织。但这些机构和人员大部分除了倒卖版面，不提供其他业务和服务。

随着广告市场的扩大和业务量的增加，广告代理业逐渐从媒体中分离出来。1865年，美国出现了由乔治·彼·罗威尔创建的广告批发代理，他预先购买下100家报纸的广告版面，然后再将广告版面以略高的价格分售给不同的广告主。1888年，罗威尔还创办了广告专业杂志《印刷者墨汁》。罗威尔的这种经营方式后来成为广告代理经营的一项共同原则。1869年，美国艾耶父子广告公司在费城创立，标志着现代广告公司的出现。这家广告公司不仅扮演了"掮客"的角色，还为客户设计、撰写文案，建议和安排适当的媒体，并制作广告，扩展了服务业务。英国的美瑟－克劳瑟公司（奥美广告公司的前身）到1894年时，也提供与艾耶父子广告公司类似的深度服务，并已拥有100多名员工。这些都显示现代广告业正在逐步形成。伴随着广告业的发展，围绕广告活动的学术研究、广告教育、广告管理等也不断健全。广告业在人们的社会、经济、文化和日常生活中越来越重要。

三、学习任务小结

通过本次课的学习，同学们初步了解了广告的起源和发展历程，以及不同时期的广告形式。课后，同学们还要通过各种渠道收集和整理广告发展史上的代表性人物和事件，深入了解广告发展历程中的典型案例，提升对广告业的认知。

四、课后作业

收集中国各个历史时期的广告表现形式，并制作成PPT进行讲演。

学习任务二 中国广告发展史

教学目标

（1）专业能力：了解中国各个历史时期的广告表现形式。

（2）社会能力：能够辨别中国各个历史时期出现的广告及其特征。

（3）方法能力：语言表达能力、思维逻辑能力、沟通能力、提炼及应用能力。

学习目标

（1）知识目标：了解中国各个历史时期广告出现的时间及原因，以及广告表现形式。

（2）技能目标：能阐述中国各个历史时期的广告特征和表现形式。

（3）素质目标：能够有逻辑地描述中国广告业的发展历程。

教学建议

1. 教师活动

（1）课前将广告出现的时间线索整理清晰，运用多媒体课件及教学视频展示相关资料，加深学生对各类广告的理解。

（2）通过设疑或开展课堂小游戏的方式与学生进行互动，引导学生多思考。

2. 学生活动

（1）认真观看多媒体课件及教学视频，记录遇到的问题。

（2）通过收集资料、与教师互动、与同学们讨论的方式，解决问题。

一、学习问题导入

中国古代社会出现过一些形式简单且具有民族特色的广告活动,具体可分为三个阶段:第一阶段是隋朝出现雕版印刷术以前;第二阶段是经济文化比较繁荣的唐宋时期;第三阶段是出现资本主义萌芽的元、明、清时期。在近现代社会,由于机器印刷术的发明,报纸和杂志等印刷媒体得到发展,报纸等印刷广告开始大量出现。而产业革命使资本主义经济迅速发展,大规模生产使商品的销量急剧增加,迫切需要借助广告促进商品的销售。20世纪80年代以后,由于广播、电视的普及,传播广告信息的媒体大量增加,形式也更加丰富。

二、学习任务讲解

1. 中国古代广告

(1)隋朝以前的广告。

早在公元前3000年,随着中国的农业、畜牧业、手工业的不断发展,产品开始出现剩余,随之出现了交换活动。奴隶社会时期,广告逐渐增多,出现了铸鼎、悬帜、告示等广告形式。封建社会时期,商品交换活动进一步增多,范围不断扩大,有关广告活动的记述明显增多。这一时期口头广告和实物广告已经比较普遍。公元前221年,秦始皇统一中国,采取了加强中央集权的措施,为封建社会政治和经济的进一步发展奠定了基础。到两汉时期,中国农业、手工业已有较大的规模,形成了不少商业城市,西汉都城长安就是当时最大的商业城市。

(2)唐宋时期的广告。

唐代和宋代是中国封建社会经济文化发展的鼎盛时期。唐诗中屡有关于酒旗之类的诗句,如张籍诗"高高酒旗悬江口"、杜牧诗"水村山郭酒旗风"等,可见唐代旗帜广告、悬物广告的繁荣。宋代经济发展迅速,南宋孟元老的《东京梦华录》详尽地记述了京都汴梁的繁华景象:"季春万花烂漫,卖花者以马头竹篮铺排,歌叫之声,清奇可听。"这是以实物、图画、文字等形式做广告。从北宋张择端的《清明上河图》中可以看到,仅东门附近的十字路口,各家设置的招牌、横匾、竖标、幡子等就有30多处,而且各显特色。

雕版印刷术在唐宋时期已被发明,孙毓修在《中国雕版源流考》中提道:"实肇自隋时,行于唐世,扩于五代,精于宋人。"宋仁宗庆历年间,毕昇发明了活字印刷术,印刷广告也随之出现了。

我国现存最早的工商业印刷广告,是收藏于上海博物馆的北宋济南刘家针铺的一块广告铜版(图1-3)。铜版约四寸见方,中间是白兔抱杵捣药的图案,分列左右两边的是"认门前白兔儿为记"8个字,上方雕刻着"济南刘家功夫针铺"字样,下面文字说明商品材料、质量和销售办法"收买上等钢条,造功夫细针,不误宅院使用,转卖兴贩,别有加饶,请记白(兔)"。这则广告要比欧洲出现的第一张英文印刷广告早四百余年。

(3)元、明、清时期的广告。

元、明、清时期是资本主义萌芽时期,广告活动也更加明显和突出,传播商品信息的媒介种类增加了,广告手段也逐渐丰富起来。

中国的雕版印刷业在此时有了明显的发展。书商们不仅要在印刷、装帧等方面提高技艺,而且需要利用广告扩大影响,建立信誉。1498年的刊本《奇妙全相西厢记》的底页上就刊印了广告,称此书"依经书重写绘图""得此一览始终,歌唱了然,爽人心意"。《金瓶梅》中有插图"逛豪华门前放烟火",可以看到店铺的招牌和幌子,显示出经营红火的情形。清代的民间木版年画颇为流行,仍在宣传商品、经营等方面产生影响。它多以民间故事人物、戏剧人物为题材,还有福、禄、寿、

图1-3 济南刘家功夫针铺广告

喜等画字。木版年画的色彩艳丽，人物生动，许多商人用这些木版年画印刷品作为商品包装，逢节日年关更甚，这也是包装广告的一种形式。这一时期，招牌和幌子之类的广告已日渐成熟。

2. 中国近现代广告

（1）近代报纸广告的兴起。

中国是世界上最早创办报纸的国家之一，但中国古代报纸由历代的邸吏负责传发，缺少一般的新闻和言论，广告更无从谈起。鸦片战争后，中国开始沦为半殖民地半封建社会，西方资本进入中国市场，开始在中国创办商业报纸。创刊于1853年9月3日的香港第一份中文报刊《遐迩贯珍》，首次用铅活字排版印刷，除经营广告业务外，还率先宣传广告对商业的作用。1857年由中国人创办的第一份中文商业报纸《香港船头货价纸》（后易名为《香港中外新报》）正式发行。20世纪30年代后，上海成为商业报纸的出版中心。其中著名的报纸如《上海新报》《申报》（图1-4）等，从报纸经营和商品促销的需求出发，都热衷于刊登广告。

（2）五四运动前后的广告发展。

五四运动前后，"科学"与"民主"两面大旗激荡在中国大地；第一次世界大战使帝国主义列强忙于欧洲战场，无暇东顾，因此中国民族工商业获得了进一步发展的机会。民族工商业的发展，使得国货广告的需求开始扩大。广告在社会经济活动中的作用日益显现，人们开始认识并接受广告的存在和价值。

这一时期报刊业也有了较大的发展。据《申报》和《中外报章类纂》社调查，1912年全国定期出版物有1134种，其中日报有550种。到1926年，日报增至628种，民（私）营报业发展迅速。随着思想解放运动的高涨，宣传先进思想的报刊纷纷创办，这些报刊为配合抵制洋货运动，曾大量刊登了民族工商业的商品广告。除报刊广告外，一些其他形式的广告也陆续出现，这些广告形式在外国诞生不久，便很快传入中国，其中包括广播广告、霓虹灯广告、路牌广告和橱窗广告。

建于1923年的中国第一个广播电台是私营的，主要靠广告收入维持发展。广播广告由此在中国诞生，并产生了各种形式的广告节目。1927年，露天的霓虹灯广告首次在上海出现，很多商铺开始用霓虹灯做招牌（图1-5）。

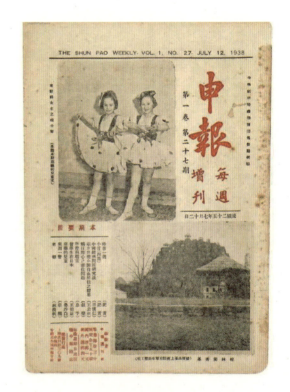

图1-4 《申报》

中国初期的路牌广告多数涉及香烟、药品和电影预告等方面的内容，在20世纪20年代就已盛行。路牌一般竖立在街边要道口、屋顶、铁路沿线和风景区（图1-6）。

橱窗广告大约出现在1925年，此时上海等地已有了现代建筑，一般商店都设有大橱窗。永安、先施等几大百货商店都把大橱窗提供给厂家陈列商品，然后向厂家收取租金。橱窗广告的设计也比较讲究、美观。

这一时期，交通广告、样品广告等广告形式陆续出现，而中国传统的招牌和幌子等广告形式也得到了进一步发展和完善。由于经济的发展，当时一些大城市商业已相当繁荣，店铺林立，店门两侧招牌和幌子种类繁多。

随着中国广告活动的逐步发展，20世纪二三十年代后，广告代理业开始出现。在当时经济最为发达的上海，有些人以个人名义为报社承揽广告或为外商承办广告。广告业务增多以后，广告代理公司应运而生。中国人创办的广告公司，规模较大的有成立于1926年的华商广告公司和成立于1930年的联合广告公司。这两家广告公司的负责人都曾留学美国，专攻广告专业，重视画稿设计和文字撰写。华商广告公司的创办人林振彬曾被誉为"中国广告之父"。

1927年，上海维罗、耀南等6家广告公司组织发起成立了"中华广告公会"，这是我国广告业最早的组织，成立的主要目的是维护和争取共同的利益，解决行业之间的业务纠纷。这个公会后来多次易名，1933年改名为"上海市广告业同业公会"，1946年改名为"上海市广告商业同业公会"，会员有90多名。

与广告业发展相适应，中国广告学的研究、教学也在这一时期开始起步。起初，相关研究把广告学作为新闻学的一部分来探讨，而后广告学才向独立的学科演进。1918年成立的北京大学新闻研究会就把广告作为其中的内容。1920—1925年，上海圣约翰大学、厦门大学、北京平民大学、燕京大学相继设立报学系，开设广告方面的课程。

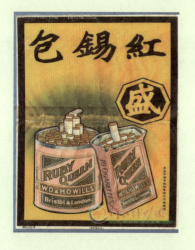

图1-5 霓虹灯广告

从总体上看，进入20世纪后到中华人民共和国成立前，中国广告业的发展已达到一定的水平。但在当时中国的社会、政治、经济等状况的制约下，广告活动主要集中在少数经济较为发达的大城市，大部分地区还处于比较落后的状态。加上战乱、管理不善等因素的影响，这一时期中国的广告业基本呈现一种畸形发展的情形。

3. 中国现当代广告

中华人民共和国成立以后，逐步对旧的广告业进行改造，在社会主义计划经济的基础上开始建设我国的广告业，并取得了一定的成就。中华人民共和国成立初期，广告业在上海、天津、广州等大城市有了一定的发展。随着国家对私营企业的利用、限制和改造，私营广告业不断萎缩直至消亡，越来越多的国营广告公司组建起来。不少报纸、广播电台

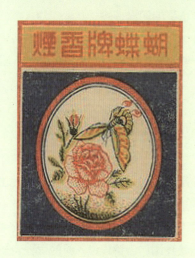

图1-6 路牌广告

等媒体都刊播商业广告，橱窗广告、路牌广告等一些传统的广告形式也比较活跃，在一定程度上为企业经济发展服务，方便了人民群众。改革开放以后，中国当代广告业进入新的历史发展时期。

中国广告业的快速发展始于1979年，这一年中共中央宣传部发布了《关于报刊、广播、电视台刊播外国商品广告的通知》。1979年1月28日，上海电视台播出中国第一个电视广告——参桂补酒，中央电视台也于同年3月15日播出首个外商广告——西铁城手表。同年4月17日，《人民日报》开始登载汽车、地质仪器的广告。这些都说明电视广告和报纸广告开始进入人们的生活。此后，我国广告业驶入持续发展的快车道，具体表现在以下方面。

（1）广告费持续增长。

广告费的投入往往是一个国家或地区广告业发达与否的重要指标。中国当代广告业刚刚恢复时的起点低、增长速度快。1979年全年广告收入仅有1500万元，而到1989年时广告收入已达19.99亿元，10年间增长了100多倍。进入20世纪90年代以后，广告费增长速度继续加快，2019年广告总收入为2075.27亿元，创历史新高。

（2）广告公司在发展中成长。

中国当代广告业恢复之前，全国专门经营广告业务的公司不到10家，以经营户外广告为主。1979年后，中国广告公司如雨后春笋般出现。到1981年，中国各类广告公司达1000多家。20世纪80年代中期以后，占主导地位的有关专业广告公司提出"以创意为中心，以策划为主导，为客户提供全面服务"的经营理念，广

告经营业务逐步转向以提供广告策划、进行市场调查、开展咨询服务等全面的综合性服务为重点。广告代理制也在20世纪90年代后逐步规范并得到推广。一批有实力的广告公司，如中国广告联合总公司、上海广告公司、广东省广告公司等，都在发展过程中形成了自己的经营特色，在广告市场中具备了一定的竞争力。

中国当代广告业恢复后，海外广告机构陆续进入中国市场。从电通广告公司、扬·罗必凯广告公司与中国国际广告公司于1986年合资兴办我国第一家合资广告公司开始，到目前为止，设立于各省市的合资合作广告公司有几百家。国际大型跨国广告公司纷纷来我国成立合资公司或办事处，如盛世长城国际广告公司、上海奥美广告公司、精信广告公司等。这些公司资金雄厚，经验丰富，具有较高的作业水准和先进的管理模式，为中国本土专业广告机构的建设、发展起到了示范作用，同时也加剧了行业竞争。

（3）广告媒体空前繁荣。

随着中国国民经济的高速发展，广告业的发展驶入快车道。2019年中国报纸出版种类1851种，出版总印数317.6亿份。根据国家新闻出版总署2019年的数据统计，全国报业总收入为576.1亿元。由于广告设计制作水平的明显提高，路牌广告、霓虹灯广告、灯箱广告等户外广告得到了充分的开发利用；各类交通广告，如车体广告、地铁广告，车站、码头、机场等公共场所的广告等花样翻新。近年来夹报广告等有了较快的发展，一些具有中国特色的广告形式也不断创新。这些都为传递广告信息提供了良好的条件。

（4）广告管理工作不断完善。

随着中国广告业的快速发展，中国当代广告管理工作也从分散到系统，由单一的行政管理转向以法制为核心的综合管理，逐步规范化，不断完善。首先，国务院于1980年明确广告管理工作由国家工商行政管理总局负责，正式把建设规范、有序的广告市场提到国家和政府的议事日程上。1982年国务院颁布了《广告管理暂行条例》，这是中国第一部全国性的广告管理法规，在中国广告发展史上具有划时代的意义。同时，还依据《广告管理暂行条例》制订了《广告管理条例施行细则》，对调整、规范广告经营活动起到了很好的作用。1987年《广告管理条例》正式颁布，进一步健全和完善了广告管理工作。1995年《中华人民共和国广告法》正式实施，标志着我国广告管理进入新的里程。国家工商行政管理部门在进行广告法制建设的同时，也在清理整顿广告市场，打击和防范虚假广告与非法经营广告，保护消费者的权益，不断提高广告管理水平。

三、学习任务小结

通过本次课的学习，同学们初步了解了中国广告业的发展历程，以及各个历史时期的广告表现形式。课后，同学们还要通过各种渠道收集和整理中国广告发展史上的代表性事件，深入了解广告发展历程中的典型案例，提升对广告业的认知。

四、课后作业

收集中国各个历史时期的广告表现形式，并制作成PPT进行讲演。

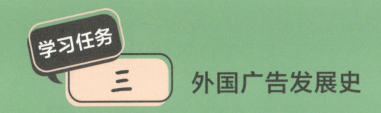

学习任务三 外国广告发展史

教学目标

（1）专业能力：了解外国广告的发展历史和表现形式。

（2）社会能力：能分析当今各大国际广告公司的特点及创作风格。

（3）方法能力：语言表达能力、思维逻辑能力、问题分析能力。

学习目标

（1）知识目标：掌握美国、英国、法国、日本的广告发展历史和表现形式。

（2）技能目标：能剖析外国的广告营销策略。

（3）素质目标：能够归纳总结外国广告发展的经验，找出其不足之处。

教学建议

1. 教师活动

（1）课前将广告出现的时间线索整理清晰，运用多媒体课件及教学视频展示相关资料，加深学生对各类广告的理解。

（2）通过设疑或开展课堂小游戏的方式与学生进行互动，引导学生多思考。

2. 学生活动

（1）认真观看多媒体课件及教学视频，记录遇到的问题。

（2）通过收集资料、与教师互动、与同学们讨论的方式，解决问题。

一、学习问题导入

随着世界经济全球化、国际化的不断发展,广告活动在社会经济生活中的地位越发重要。世界主要的资本主义国家,如美国、英国、法国、日本等,由于经济实力较为雄厚,其经济活动非常活跃,广告业也相对比较发达。这些国家的广告活动实际上也代表了当今广告业发展的最高水平。

二、学习任务讲解

1. 美国的广告发展史

美国是世界上广告业最发达的国家。据统计,广告费总额、人均广告费、广告费占国民生产总值的比例这三项指标,美国都排在世界第一位。

(1)美国的广告发展与演变过程。

美国的广告最早起源于小贩的沿街叫卖活动。1639年,从美国引进第一台印刷机时起,美国早期的报纸得到迅速发展,进入了近代报纸广告阶段。于1704年出版的《波士顿新闻信札》第三期在内页上刊登了三条告示,这是已知的美国第一个付费广告。当时美国尚处在殖民统治时期,经济还不发达,广告可有可无,信息也比较简单,主要集中在买卖土地、捉拿逃奴和车辆运输方面。

随着美国商品经济的繁荣,以及技术革新和民众的信息需求,大众化报纸发展迅猛。美国著名的廉价报纸,如纽约《太阳报》(于1833年创刊)、《纽约先驱报》(于1835年创刊)、《纽约论坛报》(于1841年创刊)和《纽约时报》(于1851年创刊)等相继发行。报纸在经历了大众化阶段后,伴随着工业经济和城市化的飞速发展也得到了快速的发展。到1900年,广告费已达到5.42亿美元。报纸广告投放量的急剧增加,使得广告代理业应运而生,并在经历了版面掮客、半服务到全面服务时代后,逐渐走向成熟。

1926年至1927年,美国全国广播公司(NBC)、哥伦比亚广播公司(CBS)、美国广播公司(ABC)基本形成了全国性的广播网,广播跻身于广告媒体之中。其他诸如路牌广告、霓虹灯广告、直接邮递广告、空中广告等广告媒介繁荣发展。广告公司作为广告业的主体,经营范围和服务内容进一步扩展。但随之而来的经济危机使美国广告业遭受了沉重的打击。第二次世界大战后,美国广告业才迎来飞速发展。

(2)美国的广告公司。

以帕默于1841年创立广告代理店为起点,1869年的艾耶父子广告公司为雏形,美国现代广告公司的发展一直走在世界的前列。纽约是公认的世界广告中心,位于纽约的麦迪逊大道曾因10多家美国著名的广告公司聚集于此而成为美国广告业的代名词。作为现代广告业的代表,美国的广告市场现已形成了科学的组织体系和严密的运行机制,服务水准和经营效率很高,广告主企业、广告公司、媒体广告传播和广告调查以及广告管理机构等相互依存,既有竞争,又相得益彰。

随着世界经济的全球化、国际化,美国广告业加快了集团化、国际化的步伐,积极向海外扩张,大型跨国广告公司纷纷建立,如智威汤逊广告公司在50多个国家和地区建立了分支机构,麦肯环球公司在近70个国家和地区设有分公司。美国广告公司的经营理念也有所变化,加强了为客户进行整合传播服务的功能。

(3)美国的广告创作表现。

美国广告一般比较直接地表现商品信息,在形式上往往追求新奇的效果,风格较为粗犷,竞争性较强。这是因为美国商品丰富,种类繁多,广告直接介绍商品的特性、使用方法、主要优点,能有效地帮助消费者选择商品。美国是一个多民族的移民国家,人们在语言、宗教、生活习惯、风俗等方面都有很大的差异,为使广告信息传播能被更多的人接受,广告语力求简练、准确,以免产生歧义。

2. 欧洲的广告发展史

欧洲是工业革命的发源地，也是近现代广告业发展的先行者。虽然美国的广告业后来居上，但欧洲仍是世界上广告活动最为活跃的地区之一。从总体上看，欧洲广告业的发达程度是不均衡的。与经济发展相一致，西欧的广告规模和水准高于东欧，英国的广告发展水平最高，是世界第三大广告大国。但从人均广告费来看，瑞士、荷兰、芬兰等国家的支出更多一些。

（1）英国的广告发展史。

英国是近代印刷广告的诞生地。早在15世纪中期，机器印刷术就已经在英国出现。1477年，威廉·卡克斯顿开办了印刷所，印制了世界上第一份印刷广告。最早的报纸广告也是17世纪20年代在英国出现的。英国的广告业受本国经济的影响而屡有波动，20世纪六七十年代，英国通货膨胀严重，英国广告业跌入谷底。20世纪80年代后，由于世界经济的复苏和发展，英国的广告业也随之蓬勃发展。

伦敦是世界三大广告中心之一。英国现有11家全国性日报，这些报纸的读者对象不同：《泰晤士报》是政界人物、知识分子阅读的报纸；《每日镜报》《太阳报》为蓝领阶层阅读的报纸；《每日邮报》是一般读者阅读的报纸。《太阳报》是目前英国发行量位居第一的报纸。同时，电视类杂志发行量也很大。生活消费类杂志受欢迎的程度较高，因此经营业绩也较好。

广播电视最早诞生于英国。1920年，英国开始无线广播电台的试验。1922年，马克尼等6家公司合资成立广播公司，正式播出节目。1927年，英国广播公司成立，英国广播业发展迅速，但直至1972年英国才准许开办商业广播。1973年，英国出现了第一家地方商业广播电台，即伦敦广播电台。1992年、1993年和1995年先后有3个全国性的商业广播电台开播，隶属无线广播局管理。广播广告在英国的广告收入中占比很小，且有严格的规定，每小时不得播出超过9分钟的广告。

英国的广告管理非常成功，主要通过政府管理和行业自律两个方面来进行。其中起较大作用的是广告业内自我管理系统，由于成效显著，因此得到广大公众的信赖。英国广告的总体风格比较细腻，具有传统性和较强的趣味性，和法国等欧洲国家一样，电视CM（电视广告片）比较注重应用电影创作技巧和拍摄技术，欣赏价值也很高。户外广告注重图文并茂，画面主体突出，文案简洁生动。

在戛纳国际广告创意大奖的角逐中，英国常年在欧洲领先，按人均广告费支出计算更是世界第一。2018年，广告为英国经济贡献了1320亿英镑，出口量在过去十年里增长了一倍有余，仅是近几年就增长了35%。英国广告从业者协会颁发的Effectiveness Awards被全世界公认为最严格、最具参考价值的广告奖项。英国广告具有典型的英式幽默和风度，将冷幽默与英国传统文化、风俗礼仪蕴含其中，注重对公共事业和公益、慈善活动的宣传，体现出强烈的社会责任感。在广告设计中，英国广告往往采用简洁、幽默、调侃、自嘲的方式组织语言和文字。

（2）法国的广告发展史和特点。

法国开展具有现代意义的广告活动也较早。1141年，法国卜莱州出现的叫卖组织可谓最早的广告专业人员。随着机器印刷术在欧洲推广，近代报纸很快在法国出现。1631年，《报纸》问世，这是法国最早的印刷周报。在19世纪30年代，法国就出现了广告代理商店。第二次世界大战后，报刊业广告发展较快，广告收入几乎占总收入的一半。但从总体上看，法国广告业发展不如英国、德国等国家。由于把广告夹在电视剧、纪录片和现场报道中播出，广告信誉一落千丈，到20世纪80年代后才有所回升。目前，随着法国经济的持续发展，以及法国作为世界时尚领域的领军国家，法国的广告业也随之飞速发展。

法国的广告表现形式体现了法兰西民族浪漫、多情的特点，蕴含丰富的文化内涵。法兰西民族历史悠久，文化深厚，流传着众多的历史故事和神话传说，这些都是法国广告的良好素材。法国人在设计和制作广告时，往往将自然欲望的人和精神欲望的人处于对称位置，在考虑广告物质利益的同时，也非常看重文化的精神效应，注重广告文化的品位价值。他们不仅将自己的精神需求寄托于物质之中，有时还会超越物质，对设计寄予更高的精神期望，很好地将物质利益和文化利益融合在一起。

另外，法国广告也很好地兼顾了开放性和保守性：一方面，法国广告对法兰西民族的传统文化有一种近乎自恋的热爱，广告中随处可见深厚的文化底蕴和浪漫的人文气息；另一方面，法国广告不仅非常重视文化传播功能，同时也制定严格的广告法规，约束和限制广告的语言。

3. 日本的广告发展史

（1）明治维新以前的广告。

日本最早的广告始自701年。该年设市司，规定集市商品要有一定的标志，这实际上是所谓的招牌的出现。奈良至平安时代（710—1192年），近畿、东海等地区纷纷设立各种市场，并出现了为展示商品而设置的商品柜。镰仓时代（1185—1333年），出现了定期开设的集市，现在的一些地名如三日市、五日市等就是当时开设集市的地点。江户时代（1603—1868年）以江户、京都、难波等地为中心，日本的经济、文化得到振兴和发展，商业繁荣，商店招牌林立，叫卖广告成为一种特色。奉献给神社和佛阁的毛巾、匾额等都被用于广告宣传。同时，木版印刷开始广泛使用，有的商家雇人把社会上所发生的事件编纂成新闻、故事和笑话，用木版印出，一边高声朗读，一边步行推销，用这种"读卖"形式招揽生意。

18世纪初，日本出现了采用木版印刷的单页广告，类似传单。起初只是在上面印上店名和商品目录，分发给特定的主顾，后逐渐开始注重广告的文稿构思和创意，使一些人因撰写广告文案而成名。1853年，经过翻译的外国报纸在日本出现。

（2）明治至大正时代的广告。

明治至大正时代（1868—1926年），日本的政治、经济、文化等方面发生重大变革。明治维新以后，西方文化生活方式引入日本，教育受到高度重视。日本在与中国的甲午战争和与沙俄争夺远东的战争中，以及在第一次世界大战中倒卖军火，获得了巨额赔款、钱财和大片土地，促使其经济跃上一个新台阶。这些都为日本广告业的飞速发展创造了良好条件。

这一时期日本的商品广告以药品、化妆品、书籍、食品等为主，像味素、宇津救命丸等往往会持续刊登广告，花王香皂、狮牌牙膏等投放的广告量也较大。其中，森永西点厂还把销售额的1/4投入广告。现代化的广告形式逐渐取代了传统的广告形式，新的广告技术得到应用。20世纪初，大型企业都开始设立专门的广告部门，之后又安排专司广告的宣传员。当时不少名流都参与广告的版面设计和文稿构思。

日本的广告代理业也在此时产生。1884年，日本首家专门代理《时事新报》广告的广告代理店"弘报堂"创办。1887年，这家代理店在各地设立办事处，把广告业务扩展到《时事新报》之外。1895年，博报堂广告公司创立。1901年，现今电通集团的前身日本广告株式会社成立。这些都为日本现代广告业的发展奠定了基础。

（3）现当代的广告。

20世纪50年代后，随着第二次世界大战的结束，日本经济迅速复苏，很快进入高速发展阶段。企业加大投资，加快技术革新，商品的生产量急剧增长，日本广告业也因此得到高速发展，进入世界广告大国的行列。20世纪60年代以后，日本广告业竭力学习欧美的经营理念，引进市场学、公共关系学、传播学等理论，采用AE（客户主管）制，保持与国民生产总值同步增长的速度，全年广告费处于世界第二位，仅次于美国。

日本广告表现内容随着时代的变迁而变化。20世纪五六十年代以追求温饱型的生活为诉求主题，广告内容多是食品、服装、住房等。20世纪60年代末至80年代，广告诉求侧重于满足富有个性的、舒适的生活，电视、冰箱等耐用消费品和表现商品附加价值的广告比例增大。进入20世纪90年代，日本经济发展进入成熟阶段，同时也面临今后如何调整变革的课题，广告多反映构筑新生活的愿望，从提供信息服务、提高人们文化品位方面构思创作，也透露出希望经济恢复景气的期望。与日本的文化特征相连，日本广告从总体上以消费者的情感诉求为主，着力塑造商品的形象，语言相对含蓄，力求避免强加于人。

三、学习任务小结

当代广告业正处在一个新的发展时期。随着经济全球化的进程加快，人们的消费形式和观念出现了巨大变化，越来越国际化、趋同化。国际品牌的开发和推广速度更快。随着人口老龄化程度的加剧、消费者受教育程度和自身素质的提高、就业状况的变化、人口流动性的增大等因素的出现，原先的消费群体结构正在重新组合，需要重新细分市场，区分新的消费群体和消费层次；出现了新生代、"新新人类"等概念，需要研究和把握新一代年轻人的消费观念和消费特点。网络媒体跻身于广告媒体的行列，发展迅猛，也需要制定新的传播策略。所有这些在发生着划时代的变化，冲击着当代广告业。

四、课后作业

收集美国和英国各个历史时期的广告表现形式，并制作成 PPT 进行讲演。

学习任务四 广告的定义和构成要素

教学目标

（1）专业能力：了解广告的定义、特点、表现形式和构成要素。

（2）社会能力：能收集和归纳不同表现形式的广告。

（3）方法能力：资料收集能力、案例分析能力。

学习目标

（1）知识目标：理解和掌握广告的定义、特点、表现形式和构成要素。

（2）技能目标：能收集不同表现形式的广告，并理解其内涵。

（3）素质目标：扩大认知领域，提升专业兴趣，提高对广告的认识。

教学建议

1. 教师活动

（1）讲解广告的定义、特点、表现形式和构成要素，并运用多媒体课件、教学视频等多种教学手段，加深学生对广告知识的理解。

（2）知识点讲授和应用案例分析应深入浅出，通俗易懂。

（3）引导学生回答问题，与学生互动分析知识点，引导学生进行小组讨论。

2. 学生活动

（1）认真听课、看课件、看视频；记录问题，积极思考问题，与教师良性互动，解决问题；总结、做笔记、写步骤、举一反三。

（2）细致观察、学以致用，积极进行小组间的交流和讨论。

一、学习问题导入

广告是一种传播工具，广告进行的传播活动是有说服性的。广告的特点是有目的、有计划和连续性。随着时代的发展，广告的定义在变化，广告的表现形式也不尽相同，但每个时代、每个国家的广告目标都是一致的，即达到有效的宣传效果。接下来，我们一起了解一下广告的定义、特点、表现形式和构成要素。

二、学习任务讲解

1. 广告的定义

"广告"一词源于拉丁文 advertere，其意为"注意、诱导及传播"。后来它的含义逐渐演变为"使人注意到某件事"或"通知某件事，以引起他人的注意"。17 世纪末，英国开始进行大规模的商业活动。这时，"广告"一词广泛地流行并被使用。此时的广告已不单指一则广告，而是指一系列的广告活动。1890 年以前，西方社会对广告较为普遍认同的一种定义是：广告是有关商品或服务的新闻。1894 年，亚尔伯特·拉斯克认为：广告是印刷形态的推销手段。这个定义含有在推销中劝服的意思。1948 年，美国营销协会的定义委员会形成了一个有较大影响力的广告的定义：广告是由可确认的广告主，对其观念、商品或服务所作的陈述与推广。

《简明大不列颠百科全书》（15 版）对广告的定义是：广告是传播信息的一种方式，其目的在于推销商品、劳务服务、取得政治支持、推进一种事业或引起刊登广告者所希望的其他的反映。广告信息通过各种宣传工具传递给目标受众。广告不同于其他传递信息的形式，它必须由登广告者付给传播的媒介以一定的报酬。《中华人民共和国广告法》对广告的定义是：商品经营者或者服务提供者承担费用，通过一定媒介和形式，直接或者间接地介绍自己所推销的商品或者所提供的服务的商业广告。

2. 广告的特点

广告不同于一般的大众传播和宣传活动，广告有其自身的特点，主要表现在以下方面。

（1）广告是一种传播工具，可以将某一商品的信息由商品的生产或经营机构（广告主）传送给用户和消费者。

（2）广告需要付费。

（3）广告进行的传播活动带有说服性。

（4）广告是有目的、有计划、连续的。

（5）广告不仅对广告主有利，而且对目标受众也有好处，它可使用户和消费者得到有用的信息。

广告的本质有两个方面：一方面指广告是广告主将商品信息传送给受众群体的一种传播手段和技巧；另一方面指广告本身的作用是商品的推销。总体说来，广告是面向大众的一种传播方式。

3. 广告的表现形式

广告通过报刊、广播、电视、电影、互联网、路牌、橱窗、印刷品、霓虹灯等媒介或者形式进行刊播、设置、张贴（图 1-7、图 1-8）。具体包括以下内容。

（1）利用报纸、期刊、图书、名录等刊登广告。

（2）利用广播、电视、电影、录像等播映广告。

（3）利用街道、广场、机场、车站、码头等的建筑物或空间设置路牌、霓虹灯、电子显示牌、橱窗、灯箱、墙壁等广告。

（4）利用影剧院、体育场（馆）、文化馆、展览馆、宾馆、饭店、游乐场、商场等场所内外设置、张贴广告。

（5）利用车、船、飞机等交通工具设置、绘制、播放、张贴广告。

（6）通过邮局或快递公司邮寄、快递各类广告宣传品。

（7）利用馈赠实物进行广告宣传。

（8）利用互联网进行广告宣传。

（9）利用其他媒介和形式刊播、设置、张贴广告。

图1-7　1933年上海路牌广告

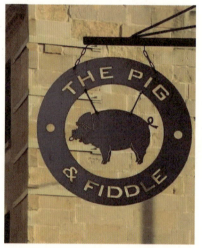

图1-8　招牌广告

4. 广告的构成要素

（1）以广告活动的参与者为出发点的广告构成要素。

以广告活动的参与者为出发点的广告构成要素有广告主、广告代理、广告媒介、广告费用、广告信息、广告受众、广告思想和技巧及广告效果。

① 广告主。

广告主是广告系统的主体要素，一般是指为推销商品或服务，自行或委托他人设计、制作、代理发布广告的法人、其他组织或者个人。正是由于广告主的存在，才产生了广告系统的其他要素，如工厂、商店、宾馆、饭店、公司、戏院、农场、个体生产者、个体商贩等。作为广告的倡议者、投资者和广告效果的收益者，广告主是广告活动的主体，是广告系统得以存在和发展的原始动力。

② 广告代理。

广告代理是指在广告经营过程中代理广告客户的广告业务的一种专业性广告组织，一般包括广告公司、制作公司、调查公司等，是专门从事广告代理、策划、设计的企业。广告代理在充分了解广告客户的要求之后，充分发挥主观能动性，创造性地进行广告文案的策划与设计等工作。

③ 广告媒介。

广告媒介是指传播广告信息的媒介物，是广告传播的手段。广告制作出来以后并没有完成广告的全过程，还要通过一定的方式向市场和消费者传达其中的信息，否则便无法显示其价值，广告的生命就在于传播和流通。在广告系统中，媒介部门与广告经营部门、市场和消费者有着密切联系，广告主与媒介部门的联系通过广告经营部门来实现，媒介部门是广告主和消费者信息沟通的桥梁。利用报纸、杂志、广播、电视等发布广告时，这些中介物就是广告媒介。

④ 广告费用。

广告费用是指广告主支付给广告代理和广告媒介的费用。广告费用包括广告调研费、广告设计费、广告制作费、广告媒介费、广告机构办公费与人员工资费用等。广告是有价的信息传播活动，没有广告费用的支出，就没有广告的存在。因此，广告费用是开展广告活动的保障，它使广告的商业性质更加突出，也使广告诸要素之间，如广告主、广告代理与广告媒介因费用的存在而形成一种相互制约的经济关系。这种关系又会形成一种合理的运行机制。

⑤ 广告信息。

广告信息是广告的内涵要素，它包括两个基本方面。一方面是实体内涵，指广告主所要传达的主要内容，包括商品信息、服务信息、观念信息等。实体内涵具有信息量大、准确性高的特点。经过广告的宣传，商品重点突出，有助于消费者记忆，是消费行为的指导性资料。另一方面是形象内涵，指经过广告主和广告商观念加工后的商业形象信息，如文娱活动、旅游服务、理发、洗浴、照相、饮食以及信息咨询服务等行业的经营项目信息。广告信息通过广告引导消费者产生某种有利于商品或劳务推销的消费观念。

⑥ 广告受众。

广告受众是指广告信息的接受者，它是广告活动的终点，也是广告进行劝说的主要对象。在广告活动中，对广告受众进行分析是非常重要的。广告主、广告商和广告媒介都会想方设法打动广告受众。在策划广告活动时，先要找出目标市场，然后寻找连接目标市场的最佳传播媒体和传播方式，再针对这些特定对象的行为心理特征、消费习惯、消费能力等因素进行广告内容的创意设计，以期引起广告受众的热烈反应。

⑦ 广告思想和技巧。

思想性是广告的灵魂。广告不仅是一种经济活动，还兼具宣传作用。广告最重要的虽然是产品信息，但同时它传播的内涵与观念涉及了道德伦理、社会风尚、价值追求、生活方式等。因此，一则广告不仅要重视经济效益，还要担负起社会责任，在内容和形式上传递健康的信息。

广告的创意和表现技巧多种多样。优秀的广告通常会营造丰富的想象空间，并利用"大写意"的广告手法设计。

⑧ 广告效果。

广告效果是指通过广告活动所要达到的目标，可以通过评估等手段来获得。

现代广告的构成要素之间是相互联系和相互制约的，这种关系构成了广告活动中的基本框架（图1-9）。

（2）以大众传播理论为出发点的广告构成要素。

在广告信息传播过程中，以大众传播理论为出发点的广告构成要素主要包括广告信源、广告信息、广告媒介、广告信宿。

① 广告信源。

广告信源即广告信息的传播者，主要指广告的制作者和经营者，如广告客户（广告主）、广告代理公司、广告制作公司、广告设计公司等。

② 广告信息。

广告信息又称为广告文本，是广告信源对某一观念或思想进行编码的结果，是对观念或思想的符号创造，是广告传播的核心。

③ 广告媒介。

广告媒介是广告信息的传输渠道或通道，是将经过编码的信息传达给受众的载体，是广告的发布者。

④ 广告信宿。

广告信宿即广告的目标受众，也就是广告信息所要传达的对象和到达的目的地。

图 1-9 广告产业集群构成图

三、学习任务小结

通过本次课的学习，同学们初步了解了广告的定义、特点、表现形式和构成要素。课后，同学们要多收集不同形式的广告，分析其表现特点和形式，为今后的广告设计储备资料。

四、课后作业

（1）收集 5 个出色的广告案例。

（2）把收集的广告案例以 PPT 形式展示，并讲述其特色。

项目二
广告的分类

学习任务一　按诉求方式分类
学习任务二　按广告传播媒介分类
学习任务三　按广告目的分类
学习任务四　按广告传播区域和对象分类

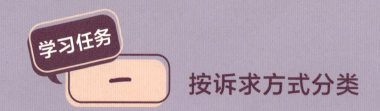

学习任务一 按诉求方式分类

教学目标

（1）专业能力：了解如何通过诉求方式来划分广告。

（2）社会能力：能收集理性诉求和感性诉求的广告案例，并进行分析。

（3）方法能力：资料收集、整理和归纳能力，案例分析能力。

学习目标

（1）知识目标：理解按诉求方式分类的方法。

（2）技能目标：能够熟悉按诉求方式划分广告的特性。

（3）素质目标：自主学习，举一反三，理论与实际操作相结合。

教学建议

1. 教师活动

（1）通过展示与分析收集的各种广告资料，讲授按诉求方式分类的广告形式。

（2）知识点讲授和应用案例分析应深入浅出，通俗易懂。

2. 学生活动

（1）认真听课、看课件、看视频；记录问题，积极思考问题，与教师良性互动。

（2）细致观察、学以致用，积极进行小组间的交流和讨论。

一、学习问题导入

各位同学，大家好！今天我们一起来学习按诉求方式来划分广告的方法。

二、学习任务讲解

1. 按诉求方式分类

广告的诉求方式就是广告的表现策略和表达方式。广告是通过诉求方式来激发消费者的购买需求和欲望，从而促使消费者产生相应的行为。广告按照诉求方式可以分为两类：一类是晓之以理的广告，称为理性诉求；另一类是动之以情的广告，称为感性诉求。理性诉求通过向消费者说明购买广告商品将会给消费者带来的好处，让消费者权衡利弊，做出判断，听从劝告并采取购买行动。感性诉求则强调以情动人，向消费者传达情感，打动消费者，使消费者对广告商品产生良好的态度和情感，进而采取购买行动。

2. 理性诉求和感性诉求的广告案例

理性诉求广告是以说明道理为主要内容的广告。它的主要功能是用循循善诱的述理方式引导消费者购买。人类大部分行动都是有意识的，人们购买商品，尤其是名目繁多、价值高贵的商品，总是要经过了解、比较和思考的。以理性诉求为主的广告，就是根据人们采取行动之前的思考顺序，充分说明商品的销售基点，以促进人们做出有意识的购买行动。这类广告常用演绎法和归纳法来说明理由，其突出的一个特点是允许当众试验，保证包修、包换、包退等。说明商品经某权威机构鉴定或经该行业专家赞许，用可靠的记录、统计等证明商品的优良品质。这类广告多适用于日常用品、机电产品、交通工具、家具、建筑材料等。例如乐百氏在其桶装水的销售广告中，告知消费者乐百氏的桶装水是经过 27 层净化过程生产出来的，消费者可以放心饮用。这就是运用了理性诉求的方式进行广告设计（图 2-1）。亚马逊推出的电子阅读器 Kindle 的广告，抓住了现代人对阅读的诉求，客观地描述了 Kindle 的各项配置和功能，体现出广告运用的理性诉求方式（图 2-2）。在本田汽车的经典广告中，其中一句文案是"本田使用 GPS 导航"，展现了本田汽车的新型导航，使消费者理性判断、选择（图 2-3）。

感性诉求就是同消费者交流感情的广告诉求方式。它主要借助于情感、情绪的感染力，让消费者从人性、人情的角度去看待产品，从而诱导消费者产生美好的联想和心理上的共鸣，最终购买产品。例如谷粒多的广告将"80 后""90 后"熟知的动画片形象（如孙悟空、黑猫警长、葫芦娃）作为产品包装的封面，唤起目标受众对童年时光的回忆，并引起心理上的共鸣，以此促进产品的销售（图 2-4 和图 2-5）。

图 2-1 乐百氏桶装水广告

图 2-2 电子阅读器 Kindle 广告

图 2-3 本田汽车广告

图 2-4 谷粒多广告 1

图 2-5 谷粒多广告 2

三、学习任务小结

通过本次课的学习，同学们已经初步了解了理性诉求和感性诉求的基本概念和使用方式，通过分析相关的广告案例，加深了对理性诉求和感性诉求两种类型广告的理解与认知。课后，同学们要收集更多的理性诉求和感性诉求广告案例，进一步了解这两种诉求方式广告。

四、课后作业

收集理性诉求和感性诉求广告案例各 2 个，并制作成 PPT 进行展示和分析。

学习任务二 按广告传播媒介分类

教学目标

（1）专业能力：了解如何通过广告传播媒介划分广告。

（2）社会能力：通过教师授课、课堂师生问答、小组讨论，开阔学生视野，激发学生的学习兴趣和求知欲。

（3）方法能力：资料收集、整理和归纳能力，案例分析能力。

学习目标

（1）知识目标：理解按广告传播媒介分类的方法。

（2）技能目标：能够熟悉按广告传播媒介划分广告的特性。

（3）素质目标：自主学习、举一反三，理论与实操相结合。

教学建议

1. 教师活动

（1）通过展示与分析收集的资料，讲授按广告传播媒介分类的广告形式。

（2）知识点讲授和应用案例分析应深入浅出，通俗易懂。

2. 学生活动

（1）认真听课、看课件、看视频；记录问题，积极思考问题，与教师良性互动，解决问题；总结、做笔记、写步骤、举一反三。

（2）细致观察、学以致用，积极进行小组间的交流和讨论。

一、学习问题导入

各位同学，大家好，今天我们一起来学习按广告传播媒介来划分的广告类型。传播广告信息的媒介有很多，可以分成印刷媒介、电子媒介、新媒介等。广告媒介介于广告主和消费者之间。无论是公交车车身，还是购物袋、包装袋，只要可以承载广告信息，都可以称为广告媒介。

二、学习任务讲解

1. 印刷媒介

印刷媒介包括报纸、杂志、传单、海报、明信片等，所有依赖印刷工艺的媒介都可称为印刷媒介。

（1）报纸广告。

报纸广告是指在报纸上展示的广告。报纸广告中，广告占据报纸50%版面的称为半版广告（图2-6），广告占据报纸整个版面的称为整版广告（图2-7）；还有一个比整版广告版面更大的称为跨版广告，属于报纸的特殊排版类型（图2-8）。

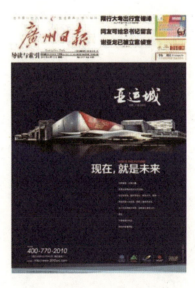

图2-6 半版广告　　　　图2-7 整版广告

图2-8 跨版广告

近年来中国也开始出现创意报纸广告。例如《南方都市报》刊登了一整版的黑色，就在众人疑惑为什么会有这样一个版面出现，报纸的官方微博出来发表声明："真相明天揭晓"（图2-9）。于是很多人第二天都买了《南方都市报》，不看头版直接翻到最后一版，发现原来是《南方都市报》为南方黑芝麻糊做的广告。在"请揭黑"旁边有一个二维码，扫进去之后，会弹出南方黑芝麻糊的信息（图2-10）。南方黑芝麻糊首先借助传统媒体引起话题，然后在网络媒体上造势，再通过自媒体进一步扩大受众面，达到了相当不错的营销效果。

图2-9 《南方都市报》官方微博　　　　图2-10 《南方都市报》创意广告

这个案例可以反映出报纸媒体具备如下优势。

① 报纸媒体是一个大众媒体，可以渗透到社会各个群体。

② 报纸媒体是一种范围较广的媒介，可以重点覆盖某个特定地区，比如《南方都市报》重点覆盖的地区是广东省。

③ 内容广泛，形式丰富。

④ 可信度高，特别是跟网络媒体相比，受众对报纸媒体更为信任。

⑤ 报纸广告没有强制性，受众可以选择看与不看，不易引起受众的反感。

随着信息时代的来临，人们的阅读习惯发生了重大转变，人们获取信息的渠道越来越倾向于网络和智能手机。报纸等传统媒体目前最大的一个劣势就是读者在不断减少，销量不断下滑。如果不能在互联网上引起话题，缺乏话题在网络上的发酵和传播，单纯在报纸上做广告的影响力已经越来越小。

（2）杂志广告。

杂志广告和报纸广告都是纸媒广告，杂志广告是纸媒广告中最早细分出来的广告形式。其印刷精美，版面设计美观，专业化程度高，目标客户定位精准（图2-11～图2-13）。例如《女友》杂志就有非常清晰的受众定位，它分为上半月刊和下半月刊。上半月刊针对15～25岁的年轻女性，下半月刊针对25～35岁的成熟女性。还有更多较专业的杂志，涉及家居设计、汽车展示、服装设计、文学等方面，这都是其他传统媒体很少能做到的。

图 2-11 "在你翻页的时候,滥砍滥伐在继续着"

图 2-12 "苹果 MacBook Pro,无与伦比地轻薄"

图 2-13 DHL 国际快递广告

2. 电子媒介

电子媒介是指所有依赖电子技术的媒介,它包括广播、电话、电影、电视、灯箱、霓虹灯、LED 显示屏、车载移动显示器、手机等。这些媒介都可以用来承载广告信息,故称为电子媒介广告。电视长期以来都是电子媒介广告的主要形式,截至 2019 年广告投放数据显示依然如此。其中,中央电视台的电视广告效果最好、收益最大,但是从 2010 年起央视广告招标率增速开始逐渐下降。2013 年,百度首次超过央视成为中国最大的电子媒介广告。

2015 年底,尼尔森市场研究公司的调查数据显示,中国互联网广告的投放规模已经达到电视广告的 87%,而美国互联网广告的投放规模是电视的 67%。可以看出,中国广告媒介的投放策略已经逐渐从传统媒介转向数字媒介。在报纸、杂志、广播、电视四大传统媒介中,电台广播是唯一投放规模不降反升的媒介,报纸降幅最大。印刷媒介所占份额日益萎缩,电子媒介、网络媒介势头高涨。电子媒介相比印刷媒介而言更具视听兼备、生动形象、现场感强、互动方便、创意空间大等特点。而就消费者接触媒介的习惯而言,人们对电子屏幕的依赖日益严重。截至 2020 年 12 月,我国网民规模达 9.89 亿,互联网普及率达 70.4%,平均每人每周上网时间是 26.2 小时,台式电脑、笔记本电脑、平板电脑的使用时长都有不同程度的下降,而手机上网时长持续增加。尼尔森市场研究公司调查发现,仅仅就移动端而言,屏幕越小,消费者越没有耐心。在手机端,18% 的消费者观看时间低于 10 分钟;而在电脑端,只有 7% 的消费者观看时间低于 10 分钟。消费者在移动端都是利用碎片时间在观看。设备越小,消费者观看广告的长度预期越短。电脑端出现 15 秒的广告,消费者可能会看完;而手机端的广告一跳出来就可能被关掉,有效的观看时间只有 3~5 秒。所以,未来的厂商在不同设备上与消费者沟通时怎样剪辑广告、控制广告时长,都需要根据消费者的观看习惯来决定。

目前中国正处于媒介融合的时代，电子媒介的优缺点并不是固定不变的，不同媒介的特点已经相互渗透。例如现在有人会认为网络媒介会使所有的传统媒介不断下滑，但是《中国互联网发展报告》的数据显示，随着智能电视行业的快速发展，电视作为家庭网络设备的娱乐功能得到进一步显现。由此我们可以看出新媒介的加入往往会促进传统媒介发展出新的增长点。

电子媒介和纸媒2015—2019年的广告经营额见表2-1。

表2-1 电子媒介和纸媒2015—2019年的广告经营额

类型/年度	2015年经营额/亿元	2016年经营额/亿元	2017年经营额/亿元	2018年经营额/亿元	比上年增幅/(%)	2019年经营额/亿元	比上年增幅/(%)
电视台	1146.69	1239	1234.39	1564.36	26.73	1341.14	-14.26
广播电台	124.49	172.64	136.68	136.66	-0.02	128.82	-5.73
报社	501.12	359.26	348.63	312.57	-10.34	373.52	19.49
期刊社	71.9	60.31	64.95	58.79	-9.49	67.58	14.95

3. 其他媒介

其他媒介广告包括服装广告、各种发布会和娱乐活动的广告等。由于新媒介、新技术的不断涌入，可利用的媒介越来越多（图2-14～图2-16）。

图2-14 雨伞上的广告　　图2-15 公交车身广告

三、学习任务小结

通过本次课的学习，同学们已经初步了解了报纸广告、杂志广告和电子媒介广告的表现形式，通过赏析和分析相关的广告案例，加深了对报纸广告、杂志广告和电子媒介广告的理解。课后，同学们要多收集这三类广告的案例，并进行分析。

四、课后作业

收集3个电子媒介广告案例，并制作成PPT进行分析和展示。

图2-16 以电梯作为媒介的健身房广告

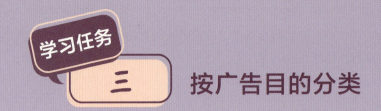

学习任务三 按广告目的分类

教学目标

（1）专业能力：了解如何按广告目的来划分广告。

（2）社会能力：通过教师授课、课堂师生问答、小组讨论，开阔学生视野，激发学生的学习兴趣和求知欲。

（3）方法能力：资料收集、整理和归纳能力，案例分析能力。

学习目标

（1）知识目标：理解按广告目的分类的方法。

（2）技能目标：能够熟悉按广告目的划分广告的特性。

（3）素质目标：自主学习、举一反三；理论与实操相结合。

教学建议

1. 教师活动

（1）通过展示与分析收集的资料，讲授按广告目的分类的广告形式。

（2）知识点讲授和应用案例分析应深入浅出，通俗易懂。

2. 学生活动

（1）认真听课、看课件、看视频；记录问题，积极思考问题，与教师良性互动，解决问题；总结、做笔记、写步骤、举一反三。

（2）细致观察、学以致用，积极进行小组间的交流和讨论。

一、学习问题导入

做任何事情之前都需要有一个明确的目的,做广告也一样。设计和制作广告的前提必须要先明确广告的目的,以便根据广告目的确定广告的内容、投放的时机、需要采用的媒介和表现形式等。按照广告目的可以将广告分为产品广告、企业广告和观念广告。

二、学习任务讲解

1. 产品广告

产品广告是指由商品经营者或服务提供者承担费用,并通过一定的媒介和形式直接或间接介绍所推销的商品或提供的服务的广告。产品广告是人们为了利益而制作的广告,是为了宣传某种产品促使人们去购买它。图 2-17 是乐高的产品广告。乐高产品是一款享誉世界的儿童玩具,主要以激发儿童的想象力和创造力,锻炼儿童的动手能力为目标,通过拼接组合的形式,实现玩具塑造的无限可能性。该图可以看作一个开放性的广告,不同的人看到图所产生的联想也不一样。可以想象为潜水艇从海里冒出来的潜望镜,也可以看作是一个人孤零零地站在那里,乐高粉丝看到的则可能是搭建城堡地基的第一步。这个乐高产品广告正好诠释了产品的主要特点——"打开想象,用乐高创造无限的世界"。

图 2-17 乐高产品广告

2. 企业广告

企业广告有两个基本目的:一个是眼前目的,即促进市场营销,实现产品向消费者的出售,实现产品向货币的转换;另一个是长远目的,即打造未来的企业形象,促进产品销售,营造企业发展所需的良好社会环境。企业广告属于战略意义上的广告,它的最终目的还是为了实现利润,虽然企业广告对产品销售不会产生立竿见影的效果,但是借助企业广告,企业的声望会逐步提高,使企业在公众心目中留下美好的印象,加速企业的发展(图 2-18 和图 2-19)。

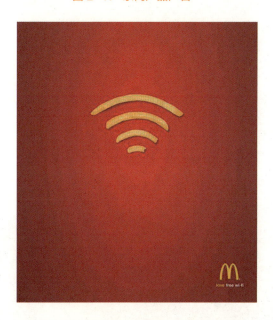

图 2-18 麦当劳:有薯条,更有 Wi-Fi

3. 观念广告

观念广告是指通过提倡或灌输某种观念和意见,引导或转变公众的看法,影响公众的态度和行为的一种公关广告。它可以宣传组织的宗旨、信念、文化或某项政策,也可以传播社会潮流的某个倾向或热点。它是以建立观念为目的的广告,不直接介绍产品,也不直接宣传企业信誉,旨在建立或改变一种消费观念。观念广告有时仅用来对某

图 2-19 麦当劳的 Wi-Fi 广告

个问题表明看法，也称为意见广告，常用暗示的方法去触发公众的联想，在潜移默化中影响公众的观念和态度转变。观念广告传达的观念有两种：一是消费性观念，二是社会性观念。消费性观念广告是引导消费者改变原有的消费观念，树立新的消费观念和消费方式。社会性观念广告是指在广告中针对某一社会性问题发表意见，以影响舆论，达到改变特定的政策或法规的目的。

三、学习任务小结

通过本次课的学习，同学们已经初步了解了产品广告、企业广告和观念广告的表现形式，通过赏析和分析相关的广告案例，加深了对产品广告、企业广告和观念广告的理解。课后，同学们还要多收集这三类广告案例，进一步了解这三类广告。

四、课后作业

收集 3 个产品广告案例，并制作成 PPT 进行展示和分析。

学习任务（四） 按广告传播区域和对象分类

教学目标

（1）专业能力：了解如何按广告传播区域和对象来划分广告。

（2）社会能力：通过教师讲授、课堂师生问答、小组讨论，开阔学生视野，激发学生的学习兴趣和求知欲。

（3）方法能力：资料收集、整理和归纳能力，案例分析能力。

学习目标

（1）知识目标：理解按广告传播区域和对象分类的方法。

（2）技能目标：能够熟悉按广告传播区域和对象进行分类的特性。

（3）素质目标：自主学习、举一反三，理论与实操相结合。

教学建议

1. 教师活动

（1）通过展示与分析收集的资料，讲授按广告传播区域和对象进行分类的广告形式。

（2）知识点讲授和应用案例分析应深入浅出，通俗易懂。

2. 学生活动

（1）认真听课、看课件、看视频；记录问题，积极思考问题，与教师良性互动，解决问题；总结、做笔记、写步骤、举一反三。

（2）细致观察、学以致用，积极进行小组间的交流和讨论。

一、学习问题导入

广告战略要从各国、各地区的社会人文状况的实际出发进行设计,因此,广告可以按照传播区域进行划分。工业企业广告在组织市场、广告形式和媒体选择等方面会受到一定限制,需要和其他信息交流活动相配合。所以,广告策略也要从市场的购买对象和购买者行为的特性来进行设计。本次课,我们一起来学习如何按传播区域和对象来划分广告。

二、学习任务讲解

1. 广告按传播区域划分

广告按传播区域可以分为国际广告、全国性广告和地区性广告。

（1）国际广告。

国际广告又称为全球性广告,是广告主为实现国际营销目标,通过国际跨国传播媒介或国外目标市场的传播媒介策划实施的广告活动。它在媒介选择和广告的制作技巧上针对目标市场的受众心理特点和需求进行设计,是争取国外消费者、使产品迅速进入国际市场和开拓国际市场的手段（图2-20和图2-21）。

图 2-20 宜家标志性的购物袋被印在公交车上

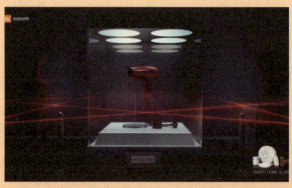

图 2-21 小米在厄瓜多尔投放的广告

（2）全国性广告。

全国性广告即面向全国受众而选择全国性的大众传播媒介的广告。这种广告的覆盖区域大、受众人数多、影响范围广、广告媒介费用高,适用于地区差异小、通用性强、销量大的产品。因全国性广告的受众地域跨度大,故应注意不同地区受众的接受特点（图2-22）。

（3）地区性广告。

地区性广告多是为配合企业的市场营销策略而限定在某一地区传播的广告,可分为地方性广告和区域性广告。

图 2-22 农夫山泉全国性广告

地方性广告又称零售广告,为了配合密集型市场营销策略的实施,广告多采用地方报纸、电台、电视台、路牌等地方性的传播媒介,促使受众购买或使用其产品。地方性广告常见于生活消费品,以联合广告的形式由企业和零售商店共同分担广告费用。其广告主一般为零售业、房地产物业、服装业、地方工业等地方性企业。

区域性广告是限定在国内一定区域（如华南区、华北区）或是在某个省份开展的广告活动。区域性广告宣传的产品往往是地区选择性或是区域性需求较大的产品，如加湿器、防滑用具、游泳器材等。它是差异性市场营销策略的组成部分。

2. 广告按传播对象划分

广告按传播对象可以分为工业企业广告、经销商广告、消费者广告和专业广告。

（1）工业企业广告。

工业企业广告又称为生产资料广告，主要用于工业企业传播相关机械器材、零配件等生产资料的信息，常在专业杂志或专用媒体上发布。

（2）经销商广告。

经销商广告就是以经销商为传播对象的广告。它以获取大宗交易订单为目的，向相关的进出口商、批发商、零售商、经销商提供样本、商品目录等商品信息，比较注重在专业贸易杂志上刊登。

（3）消费者广告。

消费者广告的传播对象直接指向商品的最终消费者，是由商品生产者或经销商向消费者传播其商品信息的广告。

（4）专业广告。

专业广告是指主要针对职业团体或专业人士的广告。专业人士掌握专业知识，具有权威性。这类人群的社会消费行为有一定影响力，是购买决策的倡议者、影响者和鼓动者，如医生、美容师、建筑设计师等。此类广告多介绍专业产品，选择专业媒介发布。

三、学习任务小结

通过本次课的学习，同学们已经初步了解了广告按照传播区域可以分为国际广告、全国性广告和地区性广告；按照传播对象可以分为工业企业广告、经销商广告、消费者广告和专业广告。通过赏析和分析相关的广告案例，加深了对广告类型的理解。课后，同学们要多收集这些广告案例，提高对这些广告的分析能力。

四、课后作业

收集 3 个国际广告案例，并制作成 PPT 进行展示和分析。

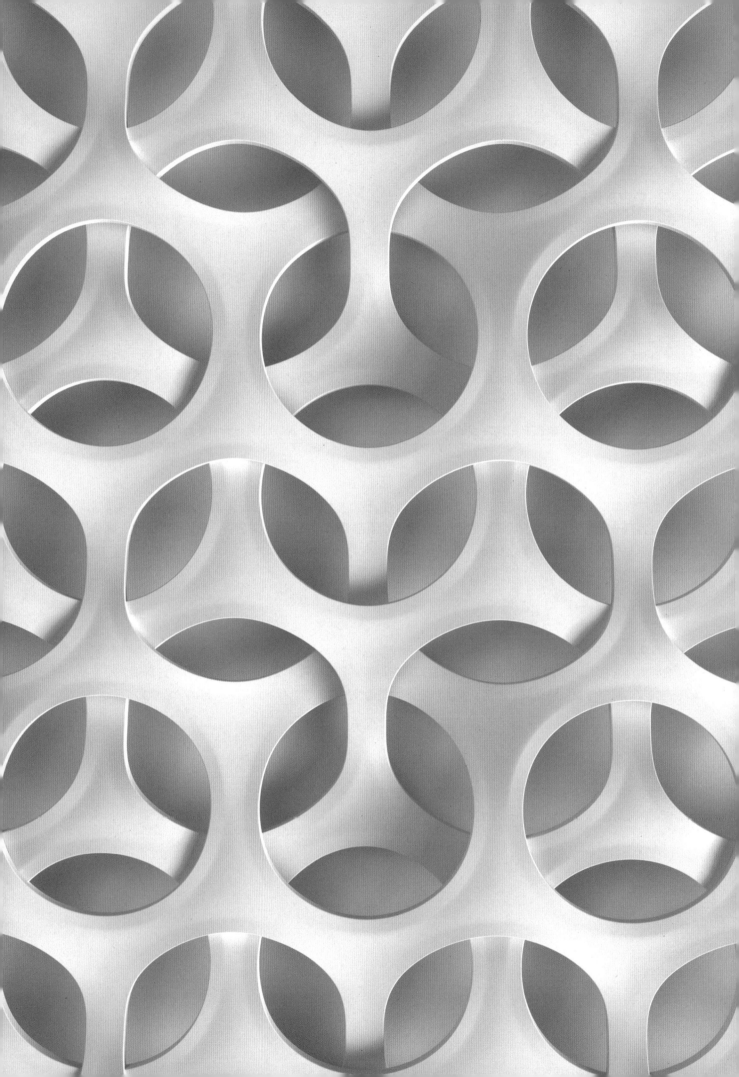

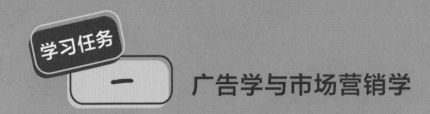

学习任务一 广告学与市场营销学

教学目标

（1）专业能力：了解广告学与市场营销学的关系；掌握4P营销理论；掌握广告细分和市场定位的含义；了解广告与促销的关系。

（2）社会能力：能准确分析强势品牌在市场中的定位，并准确指出品牌目前处于生命周期的哪个阶段。

（3）方法能力：具备语言表达能力、思维逻辑能力、沟通能力和分析应变能力。

学习目标

（1）知识目标：掌握4P营销理论；掌握广告细分和市场定位的含义。

（2）技能目标：能准确分析强势品牌在市场中的定位，并准确指出品牌目前处于生命周期的哪个阶段。

（3）素质目标：能够通过小组讨论或搜集信息的方式，对产品市场定位进行分析；能够清晰表述自己的观点。

教学建议

1. 教师活动

（1）课前搜集与本次课内容相关的品牌案例，通过对案例进行分析，并运用多媒体课件及教学视频，加深学生对各类广告表达方式与促销手段的理解。

（2）通过设疑，或以小游戏的方式与学生进行互动，引导学生多思考。

2. 学生活动

（1）认真观看多媒体课件及教学视频，分析案例，记录遇到的问题。

（2）通过搜集信息、与教师互动、与同学们讨论的方式，解决问题。

一、学习问题导入

广告学最基础的学科理论是经济学和传播学。经济学的说法也许过于笼统，具体而言，应是经济学中的市场营销学。也就是说，市场营销学是广告学的理论基础，社会学、心理学、新闻学等学科理论都蕴含其中。接下来，我们一起学习广告学与市场营销学的关系。

二、学习任务讲解

广告最初因社会的商品生产与商品交换而产生，主要用于商品促销。20世纪30年代，市场学兴起，即把广告作为一种商业活动。广告作为商业活动中的一种销售手段和推广方式被纳入市场学研究的范畴。至今，广告作为现代营销的一个重要推广要素，依然是现代营销学关注的重点。广告学的市场营销学属性，是由广告的营销推广本质决定的。

1. 广告学与营销学

营销的可控要素有四个，即产品（product）、价格（price）、渠道（place）和促销（promotion）。这也是营销学中常提及的"4P"（图3-1）。其中的促销要素，除广告外，还包括公关、新闻宣传等。也就是说，广告只是营销要素和促销要素之一。营销学是以整个营销活动及其运动规律为主要研究对象的，广告也包括其中。最初的市场学将广告纳入其研究范畴，因此，营销学对广告学具有一定的学科包容性，甚至可以说，广告学是营销学的一个组成部分。广告学有其特定的研究对象、范畴和内容。

广告只是营销的要素之一，过分夸大广告的市场营销功能，一味依赖广告营销，以为广告在市场营销中无所不能，必将导致营销的失败。

图 3-1 营销的可控要素

2. 广告与促销

营销学中常说的SP（sales promotion）活动即促销活动，是为促进产品销售所进行的活动，通常有针对消费者的赠送样品、附加赠品、减价、发行折价券或优惠券、竞赛与抽奖活动，针对中间商和零售商的折让、合作广告、销售竞赛、订货会、展销会、博览会，以及用于人员推销的销售手册、销售宣传资料、销售信函等多种形式。广告与促销，同为营销推广中的重要因素，共同的目标都是促进产品的销售，但在具体目的和手段上，常常表现出重大的差异。

就具体目的而言，促销通常以立即获得销售反应为直接目的，而广告则通常作长远考虑，旨在为某产品创造一种形象，促使消费者对某品牌形成认同感。广告虽然也希望立即获得销售效果，但很难寻求到消费者的立即反应。就具体手段和技术而言，广告通常只是向消费者提供一种产品的销售信息，并附带一种利益的承诺，成为诱导消费者购买的理由。而促销则以产品之外的某种附加利益，如钱、物或附加服务，作为诱使消费者购买的一种激励。正因为如此，促销常以销售为直接目的，并且常能立即获得销售反应，而广告则不能。

作为广告代理公司，当其接受行销主的广告代理委托时，必须视促销活动为整体推广计划的重要因素，将促销活动包括在广告之内，予以整合，将其纳入整体广告计划之中。一个成功的广告需要促销活动的配合。代理促销活动对广告代理公司来说虽然常见，但促销活动在以往的广告代理中竟然只是作为广告的"额外要素"来加以处理。广告代理公司要熟练掌握、运用并执行和操作促销的各种手段和技术，并不是一件简单的事。促销同样是一种专业性很强的工作，广告公司要扩大自身的经营业务，必须花大力气培训相关专业人才。

3. 市场营销学理论在广告中的运用

（1）市场细分和广告定位。

市场细分是在实际操作中为了确定目标市场和明确广告对象而经常采取的方法。市场细分，就是调查、分析不同消费者在需求、资源、地理位置、购买习惯等方面的差别，然后把基本特征相同的消费者归入一类，使整体市场变成若干细分市场。市场细分是广告定位的基础，没有市场细分就不可能有广告定位。产品定位是企业在经营过程中，为适应消费者的不同需求，在市场细分的基础上努力使产品差别化，从而在消费者心目中占据位置、留下印象的新的营销方法。广告定位的含义是广泛的，定位是对潜在顾客心智所下的功夫，其目的是使产品在潜在顾客心目中得到有利的定位。市场细分和产品定位是企业营销战略的组成部分。广告定位策略是为了配合企业的市场营销战略，通过广告使企业、产品、品牌在消费者心中确定位置的一种方法。

（2）产品生命周期与广告策略。

产品生命周期是指产品从进入市场开始，经历发展、衰退，直至被市场淘汰的全部持续时间（图3-2）。产品生命周期的重要性表现在以下两方面。

① 广告主可以根据产品生命周期的不同阶段调整广告投入。在导入期时，广告投入最大；进入成长期后，广告投入稍稍减少；进入成熟期后，广告投入再度增加；到衰退期，广告投入逐步减少。

② 根据产品生命周期的不同阶段，体现广告的不同作用。在产品导入期，广

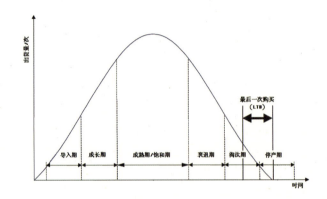

图 3-2　产品的生命周期示意图

告的作用是告知产品功能，打开知名度。进入成长期和成熟期后，广告主要为差别化战略和产品多样化战略服务。在衰退期，广告的作用主要是减少损失，确保品牌形象，为新产品的上市打下基础。

产品生命周期理论集中体现了广告与市场营销之间不可分割的关系，体现了广告是市场营销的一部分。

三、学习任务小结

通过本次课的学习，同学们已经初步了解了广告学与市场营销学的关系。课后，同学们要通过学习和社会实践，进一步了解和使用市场营销学理论。

四、课后作业

（1）思考：市场营销学理论在广告中有哪些运用？
（2）以小组为单位收集一款产品生命周期的相关资料，并制作成PPT进行展示。

教学目标

（1）专业能力：了解广告学与心理学的关系；了解马斯洛需求层次理论；了解弗洛伊德的需求理论；了解广告受众对广告的心理认知过程。

（2）社会能力：能准确分析广告抓住了消费者哪些心理因素。

（3）方法能力：具有语言表达能力、思维逻辑能力、沟通能力、分析应变能力。

学习目标

（1）知识目标：了解马斯洛需求层次理论；了解弗洛伊德的需求理论。

（2）技能目标：能准确分析广告抓住了消费者哪些心理因素。

（3）素质目标：能够通过小组讨论或搜集信息的方式，分析广告活动的受众心理；能够清晰表述自己的观点。

教学建议

1. 教师活动

（1）课前搜集与本次课内容相关的品牌案例，通过对案例进行分析，并运用多媒体课件及教学视频，加深学生对各类广告表达方式的理解。

（2）通过设疑，或以小游戏的方式与学生进行互动，引导学生多思考。

2. 学生活动

（1）认真观看多媒体课件及教学视频，分析案例，记录遇到的问题。

（2）通过搜集信息、与教师互动、与同学们讨论的方式，解决问题。

一、学习问题导入

心理学是一门研究人类心理现象及其影响下的精神功能和行为活动的科学，兼顾突出的理论性和应用性。心理学一方面尝试用大脑运作来解释个体基本的行为与心理机能，另一方面尝试解释个体心理机能在社会行为与社会动力中的角色。接下来，我们一起学习心理学在广告中的运用。

二、学习任务讲解

1. 广告学与心理学的关系

人的心理活动可以概括为心理活动过程和个性心理特征两大方面。心理活动过程又分为认识活动过程与意向活动过程。各种心理活动在每个人身上表现又各有不同，因此又形成不同的兴趣爱好、气质、能力和性格，这就是个性心理特征。广告活动是一种视听活动，就是通过视觉和听觉刺激引起人们的心理感受，而消费者的心理与广告活动密切相关。广告学可以说是研究消费者心理活动及其变化规律的学科。广告如何与消费者的心理发生作用，这是广告学与心理学研究的重点。

心理学是一门渗透力极强的科学，目前已广泛渗透到很多实用性和非实用性学科之中。广告学与心理学的交叉渗透形成了一门新的学科，即广告心理学。广告心理学是广告学的组成部分，同时也是心理学涉及的内容。它是运用心理学的一般知识来解决广告活动中的心理问题的学科。广告的传播者希望广告发挥效果，希望更多的人购买其商品或服务，这正是广告心理学所要研究的问题。广告心理学就是探索广告活动与消费者相互作用过程中产生的心理学现象及其规律的学科。

广告学与心理学尽管是互相渗透和影响的学科，但它们作为不同领域与层次的学科，区别也是十分明显的。就对心理活动的关注点而言，尽管心理学和广告学都关注人的心理活动，但关注的角度和侧重点不同，心理学研究的是人的普遍性的心理特点，而广告学则只研究广告活动中的心理问题。

2. 心理学原理在广告中的运用

（1）刺激反应理论。刺激反应理论是心理学中的一个基本原理，它强调人的心理活动过程是由客观世界的刺激引起人们心理活动反应的过程。它主要由外在的客体刺激因素、内在的主体个人因素以及社会环境的影响因素三部分组成。它们三者之间是相互联系、不可分割的有机体。任何有目的的广告活动也都是通过这三者的有机结合而实现的。广告信息通过文字、图案、画面、音响等刺激因素，来刺激和影响在一定家庭、阶层、团体和文化状况等社会背景下的具有一定需求、兴趣、信念等心理特征的个人，引起其认识、购买等一系列反应。因此，刺激反应理论不但是心理学的基本原理，而且是广告心理活动的基本原理。

（2）马斯洛需求层次理论。马斯洛认为人的需求是以层次的形式出现的，按其重要程度由低级向高级发展，依次为生理需求、安全需求、社会需求、自尊需求和自我实现需求（图3-3）。低层次需求满足后，较高层次的需求才会出现并希望得到满足。广告可针对不同层次的需求进行设计，激发受众的消费热情。

（3）弗洛伊德的需求理论。弗洛伊德的需求理论认为形成人们行为的真正心理因素大多数是无意识的，也是不可预见的。同时，人类也有很多欲望受到抑制，有很多需求与生俱来，天生就具备通过某种方式获得满足的本领。广告可以加强人的欲望和需求，但许多广告未能成功地说服消费者

图3-3 马斯洛的需求层次理论示意图

购买产品，其原因在于没有切中消费者的潜在需要。广告只有针对目标受众的需求才能实现预期的效果。

这三种理论从不同侧面解释了消费动机产生的原因。实际上消费动机的产生非常复杂，还应进行综合分析和研究，这样有利于更准确地理解和把握消费者的心理活动过程。

3. 广告受众对广告活动的心理认知过程

广告受众的心理活动首先是从对商品的认知过程开始的，这一过程构成了消费者购买商品的认识阶段和知觉阶段，是消费者产生购买行为的重要基础。消费者认知商品的过程就是消费者对商品个别属性的各种不同感觉加以联系和综合的反应过程，主要是通过消费者的感觉、知觉、记忆、思维等心理活动完成的。

（1）感觉。

感觉是对刺激物的反应，可定义为：个人通过选择、组织并解释输入信息来获得对世界有意义的描述的过程。人们对相同的事物、同样的情境，往往会产生不同的感觉，主要是因为以下三种感觉过程在起作用。

① 选择性注意。人们在日常生活中会接触到大量刺激物，如铺天盖地的广告信息会使人应接不暇。据统计，在广告业发达的国家和地区，人们平均每天要接触1500多条广告，但实际上绝大部分会被过滤掉，被注意的都是与人们当前需求有关的刺激物。

② 选择性曲解。消费者注意到刺激物后并不一定马上接受。人们把获取的信息与自己的意愿结合起来，按自己的思维模式决定接受与否。人们以先入为主的思路来解释信息的情况比较多。

③ 选择性记忆。对于接触过的信息，人们一般只记住那些符合自己态度和信念的信息，而其他的信息则可能被遗忘。

（2）知觉。

消费者通过一定的途径获得有关商品属性的各种信息，并经过神经系统将有关信息从感觉器官传递到脑部，产生对商品个别的、孤立的和表面的心理印象，随即对感觉到的商品信息进行综合处理，在头脑中构成对商品的整体反映。

感知是消费者对商品的外部特征和外部联系的直接反应，是认知的初级阶段。在这一阶段，消费者得到认知商品的必要材料，形成记忆、思维、想象等一系列复杂的心理过程，在此基础上对商品产生情感信任，采取购买行动。消费者还会以表象形式向思维过渡，进入认知的高级阶段，从而把握商品的一般特征和内在联系，全面地、本质地认识商品的品质，进而影响消费者的购买决策。

（3）学习。

学习是指经验所引起的个人行为的改变。在广告传播过程中，消费者由于需要，通过学习可以获取有关消费信息，改变对商品的印象和态度，并产生购买行为，这是主动学习的类型。而对一些价格低廉、经常性购买的商品和服务，消费者的关心度较低，则是通过学习采取购买行动，然后改变印象。

三、学习任务小结

通过本次课的学习，同学们已经初步了解了广告学与心理学的关系，也了解了马斯洛需求层次理论和弗洛伊德的需求理论的相关知识，以及受众对广告活动的心理认知过程。课后，同学们要通过学习和社会实践，进一步深入了解广告学与心理学的相关知识。

四、课后作业

请用自己的语言描述马斯洛需求层次理论。

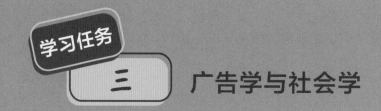

教学目标

（1）专业能力：了解广告学与社会学的关系；了解社会学原理在广告中的应用。

（2）社会能力：能准确分析众多广告中哪些利用了社会学中的向往群体。

（3）方法能力：具有语言表达能力、思维逻辑能力、沟通能力、分析应变能力。

学习目标

（1）知识目标：了解广告学与社会学的关系。

（2）技能目标：能准确分析众多广告中哪些利用了社会学中的向往群体。

（3）素质目标：能够通过小组讨论或搜集信息的方式，分析广告涉及的社会学原理；能够清晰表述自己的观点。

教学建议

1. 教师活动

（1）课前搜集与本次课内容相关的品牌案例，通过对案例进行分析，并运用多媒体课件及教学视频，加深学生对各类广告表达方式的理解。

（2）通过设疑，或以小游戏的方式与学生进行互动，引导学生多思考。

2. 学生活动

（1）认真观看多媒体课件及教学视频，分析案例，记录遇到的问题。

（2）通过收集信息、与教师互动、与同学们讨论的方式，解决问题。

一、学习问题导入

社会学是从变动着的社会系统的整体出发,通过人们的社会关系和社会行为来研究社会的结构、功能、发生、发展规律的一门综合性学科。社会学研究的领域涉及社会生活的群体单位,如家庭、团体、城镇、民族等;涉及社会的各种制度,如政治制度、法律制度、经济制度、宗教制度、教育制度等;涉及社会各种活动变化的过程,如社会冲突,社会舆论的沟通、形成和变化,社会价值观念的变动,社会组合或社会一体化等。接下来,我们一起学习社会学在广告中的应用。

二、学习任务讲解

1. 广告学与社会学的关系

广告活动是一种综合性的信息传播活动,它不仅传递商品信息,而且还搜集和传递各种政治信息、经济信息、社会信息和文化信息。从广义来看,广告活动是一种大众性的社会信息传播活动,作为研究广告活动及其发展变化规律的广告学,就必须与社会学紧密联系起来。从狭义的广告活动来看,商业广告和经济广告活动也必须以社会研究为背景,以特定的社会制度、社会文化、社会生活习惯和民族风俗为依据,这样才能制作出符合社会条件的广告。因此,社会学的基本原理与规律是指导广告理论研究与实践活动的基础与依据。

社会学认为人是社会的基本构成因素,但是人与人之间是通过相互关系而从事活动的,人的个性心理特征的形成与发展,总是由其所处的社会环境及人与人之间的相互关系所决定的。社会学研究的整体性原理,对广告活动的研究具有指导意义。只有运用社会学的整体性原理,从社会整体角度出发来研究广告活动,才能找到广告活动本质的、特有的规律。社会调查的许多方法,诸如普遍调查法、典型调查法、抽样调查法、个案调查法、参与法、观察法、访问法、问卷法等,都对广告活动的研究具有十分重要的理论指导意义和实践应用价值。

2. 社会学原理在广告中的应用

(1)参照群体。

群体是指在追求共同的目标或兴趣中相互依赖的两个或两个以上的人。个人的行为会受到群体的影响。对个人的态度和行为有直接或间接影响的所有群体即为参照群体。参照群体可分为直接参照群体和间接参照群体。直接参照群体是指与自身有直接关系的群体,如家庭成员、亲朋、同事、邻居等。间接参照群体是指与自身没有直接关系,只是间接有合作关系的群体,如宗教组织、社团组织、行业协会等对其成员影响较弱的群体。人们处于不同的群体之中,将受其制约而形成不同的消费观念和产生不同的购买行为。

在参照群体中,有个人期望归属群体,这就是向往群体。如歌星、影星、体育明星、权威人士等,都会对消费者个体产生较大的影响,这正是名人广告经久不衰的重要原因。但除了向往群体,还有一种是个人讨厌或反对、拒绝认同的群体,称为厌恶群体。一般说来,一个人总是不愿意与厌恶群体发生任何关联,在各方面都希望与之保持一定距离,当然不会接受与其有关的品牌和商品。广告传播也要注意这一现象,避免使目标受众产生反感和排斥心理。

(2)家庭。

家庭介于社会和个人之间,形成一个消费体。家庭成员又是最具影响力的首要群体,更重要的是很多商品是以家庭为购买单位的。因此,广告策划时要对现有家庭的模式和影响消费的因素进行深入的探讨和研究。一般来说,家庭有一个成长周期,从组成家庭到家庭成员生老病死,经过单身、新婚、育儿、退休等阶段,每一个阶段的家庭特点是不同的,尤其是现代家庭结构发生了一些新的变化。传统家庭结构的解体,丁克家庭的出现,都使消费观念发生新的变化。企业的营销经常把目标市场确定在某一阶段的家庭群体上，从广告的角度来说，也需要进行准确的定位。

3. 广告与公共关系活动

公共关系活动是社会组织或个人用以沟通与社会公众的联系，以期获得公众的理解、支持，开拓事业，改善社会关系的重要手段。20世纪90年代以来，公共关系活动被广泛用于企业营销。

广告与公共关系活动作为现代企业营销推广中的重要因素，目的是促进企业的销售，提高企业的经济效益与社会效益，树立良好的企业形象。企业所做的公益广告，就是企业进行公共关系活动的一种形式。某些广告活动实际上就是一种以广告形式展开的公共关系活动，二者密不可分。

公共关系活动常常需要利用广告的手段，通过现代媒介予以更广泛的传播。公共关系活动只有"广而告之"，才有可能产生更广泛的社会影响和社会效果。广告是推行公共关系活动最有效、最经济的一种方式。广告同样需要借助公共关系活动来加强其效果。广告活动如果能建立在良好的社会公众关系的基础和社会公众对企业的充分理解和支持之上，广告所传达的销售信息就能更快、更有效地被公众认同和接受。因此，公共关系活动又是强化广告效果的一种强有力的手段。

三、学习任务小结

通过本次课的学习，同学们已经初步了解了广告学与社会学的关系，也了解了社会学原理在广告中的应用。课后，同学们要通过学习和社会实践，进一步加深对广告学和社会学的了解。

四、课后作业

谈谈社会学原理在广告中应如何应用。

学习任务一 定位理论

教学目标

（1）专业能力：了解定位理论的基本概念、作用和实施步骤。

（2）社会能力：通过教师讲授、师生问答、小组讨论，开阔学生视野，激发学生的学习兴趣和求知欲。

（3）方法能力：讲授法、案例分析法、创新思维能力。

学习目标

（1）知识目标：掌握定位理论的基本概念。

（2）技能目标：能够厘清广告定位理论的实施步骤，并能举一反三。

（3）素质目标：自主学习，理论与实操相结合，开阔视野，扩大认知领域，提升专业兴趣。

教学建议

1. 教师活动

（1）前期收集定位理论的资料，并运用多媒体课件、教学视频等多种教学手段，提高学生对定位理论的认识。

（2）知识点讲授和应用案例分析应深入浅出，通俗易懂。

（3）引导学生回答问题，与学生互动分析知识点，引导学生进行小组讨论。

2. 学生活动

（1）认真听课、看课件、看视频；记录问题，积极思考问题，与教师良性互动，解决问题；总结、做笔记、写步骤、举一反三。

（2）细致观察、学以致用，积极进行小组间的交流和讨论。

一、学习问题导入

定位理论是由美国著名营销专家艾·里斯与杰克·特劳特于20世纪70年代提出的。他们认为，定位要从一个产品开始，这个产品可能是一种商品、一项服务、一个机构甚至是一个人，也许就是你自己。但是定位不是你对产品要做的事，而是你对预期客户要做的事。换句话说，就是你要在预期客户的头脑里给产品定位，确保产品在预期客户头脑里占据一个真正有价值的位置。定位理论的核心原理是第一法则，这一法则要求企业必须在顾客心中成为某领域的第一，以此引领企业经营，赢得更好发展。

二、学习任务讲解

1. 定位理论的基本概念

定位理论是由美国著名营销专家艾·里斯与杰克·特劳特于20世纪70年代提出来的。1972年，他们在美国《广告时代》杂志上撰写的文章《定位新纪元》首次提出了"定位"这个概念。

里斯和特劳特认为，定位是你对未来潜在顾客的心智所下的功夫，也就是把产品定位在你未来潜在顾客的心中。可以看出，定位就是对现有产品进行的一种创造性试验。目前，"定位"二字已是营销学者和营销人员在做营销战略和规划时所用的专业词汇。定位法则带给营销者的是一次观念上的革新。

随着市场营销理论的发展，人们对定位理论有了更深的认识，将定位理论细分出市场定位理论。菲利普·科特勒对市场定位的定义是：公司要根据市场的要求对产品进行设计，从而使其能在目标顾客心目中占有一个独特的、有价值的位置的行动。市场定位的实质是使本企业和其他企业严格区分开，并且通过市场定位使顾客明显地感觉和认知到这种差别，从而在顾客心目中留下特殊的印象。

定位是使产品在未来潜在顾客的脑海里确定一个合理的位置。定位的基本原则不是去创造某种新奇的或与众不同的东西，而是去操纵人们心中原本的想法，去打开联想之结。定位的真谛就是攻心为上，消费者的内心诉求才是营销的关键。

2. 消费者的五大心智模式

（1）消费者只能接收有限的信息。

（2）消费者大多喜欢简单，讨厌复杂。

（3）消费者缺乏安全感。

（4）消费者对品牌的印象不会轻易改变。

（5）消费者的心智容易失去焦点。

根据消费者的五大心智模式理论，耐克的广告语及广告版式就按照简洁、明快的方式进行设计，没有在海报中堆砌大量的内容（图4-1）。

3. 定位模式的作用

定位一旦产生功效，无论何时何地，只要消费者产生了相关的需求，就会自然而然地想到这个品牌、产品或公司，达到先入为主的效果。良好的定位输出和植入，可以强化企业的品牌，提高产品的知名度和销量。

图4-1 耐克的广告语

4. 定位实施的步骤

（1）分析行业市场环境。

广告定位的实施首先要充分了解行业市场环境，从行业市场的整体角度思考各种因素的相互影响。企业既要了解自身产品的优势和劣势，也要关注主要竞争对手的优势和劣势，这样才能扬长避短，准确找到产品的市场定位。例如饮料品牌王老吉，它的竞争对手当时是在国内市场上占有率和认知度已经非常高的可口可乐和百事可乐等。作为含有中草药成分的饮料，它本身具有其他品牌不具备的特点，认准这一优势后，王老吉饮品进行了非常明确的自我定位。

（2）寻找区隔概念。

分析行业市场环境之后，就要寻找一个概念，使自己与竞争者区别开来。寻找区隔概念就是寻找定位点，其本质就是寻找广义动量定理中的作用点，作用点越精准，取得的效果越好。例如王老吉就使用了"怕上火，喝王老吉"这一广告语，在顾客心目中占据了"降火饮料"这一概念的特殊位置，从而获得了市场的巨大成功（图4-2）。

图4-2 王老吉的广告语

（3）找到支持点。

有了区隔概念，产品还应有支持点，让消费者信赖。在王老吉的案例中，该产品本身是一种含有中草药成分的饮品，以中草药成分作为支持点，便能够说服消费者，让消费者认为它是一种含有中草药成分的健康饮料，并具备降火这一功效。

（4）传播与应用。

有了区隔概念，产品还需要有效的传播方式才能将概念植入消费者内心，并在应用中建立自己的品牌定位。有效的传播包括电视广告、网络广告、印刷广告、实体体验店、超市售卖等形式。

三、学习任务小结

通过本次课的学习，同学们已经初步了解了定位理论的基本概念、作用和实施步骤及其在实际营销活动中的应用。在广告理论中，定位理论的应用非常广泛，课后，同学们要通过学习和社会实践进一步了解和使用该理论。

四、课后作业

（1）请思考耐克这一品牌在定位上与其他运动品牌有何不同之处。

（2）以小组为单位收集一个知名品牌的资料，对其进行定位分析，并制作成PPT进行展示。

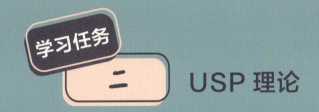

学习任务二 USP 理论

教学目标

(1) 专业能力：了解 USP 理论的含义、特点及应用实践。

(2) 社会能力：通过教师讲授、师生问答、小组讨论，拓展学生视野，激发学生的学习兴趣和求知欲。

(3) 方法能力：讲授法、案例分析法、创新思维能力。

学习目标

(1) 知识目标：理解 USP 理论的含义、特点。

(2) 技能目标：通过典型案例分析厘清 USP 理论的使用特点和适用范围。

(3) 素质目标：自主学习，理论与实操相结合，开阔视野，扩大认知领域，提升专业兴趣。

教学建议

1. 教师活动

(1) 前期收集 USP 理论应用案例，并运用多媒体课件、教学视频等多种教学手段，加深学生对 USP 理论的认识。

(2) 知识点讲授和应用案例分析应深入浅出，通俗易懂。

(3) 引导学生回答问题，与学生互动分析知识点，引导学生进行小组讨论。

2. 学生活动

(1) 认真听课、看课件、看视频；记录问题，积极思考问题，与教师良性互动，解决问题；总结、做笔记、写步骤、举一反三。

(2) 细致观察、学以致用，积极进行小组间的交流和讨论。

一、学习问题导入

20世纪50年代初,美国人罗瑟·瑞夫斯提出USP理论。他要求向消费者推销一个"独特的销售主张"(unique selling proposition),简称USP理论,又可称为创意理论。其特点是必须向受众陈述产品的卖点,同时这个卖点必须是独特的,能够带来销量的。

二、学习任务讲解

1.USP理论含义

(1)强调产品具体的特殊功效和利益,即每一个广告都必须向消费者呈现一项销售的主张。

(2)这种特殊性是竞争对手无法提出的,即这一项主张必须是竞争对手无法也不能提出的,必须具有独特性。

(3)有强劲的销售力,即这一项主张必须有很强的市场影响力,足以影响社会公众。

2.USP理论相关案例

(1)白加黑。

1995年,白加黑上市仅180天销售额就突破1.6亿元,在拥挤的感冒药市场上占据了15%的份额,登上了行业第二品牌的位置,在中国营销史上堪称奇迹。这一现象被称为"白加黑震撼现象"。

一般而言,在同质化市场中,很难发掘出USP。感冒药市场同类药品甚多,市场已呈高度同质化状态,而且无论中、西药品都难以做出实质性的突破。康泰克、丽珠、三九等品牌凭借着强大的广告攻势,才各自占有一定的市场份额,而盖天力这家实力并不十分雄厚的药厂,竟在短短半年时间里就后来者居上,其关键在于崭新的产品概念。

白加黑的成功离不开其广告创意。它把感冒药分成白片和黑片,并把感冒药中的镇静剂"扑尔敏"放在黑片中,不仅在品牌的外观上与竞争品牌形成很大的差别,更重要的是它与消费者的生活形态相符合,使消费者产生了引发联想的心理共鸣。白加黑广告口号"治疗感冒,黑白分明"干脆简练,所有的广告传播的核心信息是"白天服白片,不瞌睡;晚上服黑片,睡得香"。产品名称和广告信息都清晰地传达了产品概念(图4-3)。

(2)舒肤佳。

1992年,舒肤佳进入中国市场,而早在1986年就进入中国市场的力士已经牢牢占据香皂市场,但舒肤佳却在短短几年时间里就把力士从香皂霸主的宝座上拉了下来。根据2001年的数据,舒肤佳市场占有率达41.95%,比位居第二的力士高出14个百分点。

舒肤佳的成功有很多因素,但关键的一点在于它找到了一个新颖而准确的"除菌"概念。在中国人刚开始用香皂洗手的时候,其广告语"看得见的污渍洗掉了,看不见的细菌你洗掉了吗"强化了除菌的这一概念。

图4-3 感冒药白加黑

在舒肤佳的营销传播中,以"除菌"为核心概念,"有效除菌护全家",并在广告中通过踢球、挤车、扛煤气罐等场景告诉大家,生活中会接触到很多细菌,放大镜下的细菌会吓你一跳。然后,舒肤佳再通过"内含抗菌成分'迪保肤'"的理性诉求和实验来证明舒肤佳可以让你把手洗干净，另外，还通过中华医学会认证增强了品牌可信度（图4-4）。

（3）脑白金。

脑白金已经成为中国礼品市场的一个知名品牌。睡眠问题一直是困扰中老年人的难题，因失眠而睡眠不足的人比比皆是。据资料统计，国内至少有70%的妇女存在睡眠不足现象，90%的老年人经常睡不好觉。"健康睡眠"市场非常庞大。然而，在红桃K携"补血"、三株口服液携"调理肠胃"概念创造中国保健品市场繁荣之后，在保健品行业信誉跌入谷底之时，脑白金单靠"睡眠"概念不可能迅速崛起。作为单一品种的保健品，脑白金以极短的时间迅速启动市场，并成为中国保健品行业的龙头品牌，其成功的最主要因素在于找到了送礼的核心概念。

中国是礼仪之邦，礼品市场潜力巨大。脑白金的成功关键在于其定位于庞大的礼品市场，而且得益于定位第一法则，第一个把产品明确定位为礼品，以礼品定位引领消费潮流（图4-5）。

（4）农夫山泉。

1998年，娃哈哈、乐百氏以及其他众多的饮用水品牌大战已硝烟四起，在娃哈哈和乐百氏面前，刚刚问世的农夫山泉显得势单力薄。另外，农夫山泉只从千岛湖取水，运输成本高昂。

农夫山泉能够在这个时候切入市场，并在短短几年内抵挡住了众多国内外品牌的冲击，稳居行业前三，成功要素之一在于其差异化营销策略。而差异化的直接表现来自"有点甜"的概念创意，即"农夫山泉有点甜"。

农夫山泉的水来自千岛湖，是从很多大山中汇集的泉水，经过千岛湖的自净、净化，完全可以说是甜美的泉水。但怎样才能让消费者直观形象地认识到农夫山泉的"出身"，怎样形成美好的"甘泉"印象？这就需要一个简单而形象的营销传播概念。

甜水是好水的代名词，中文"甘泉"一词意思就是甜美的水。"甜"不仅传递了良好的产品品质信息，还直接让人联想到了甘甜爽口的泉水，喝起来自然感觉"有点甜"（图4-6）。

图4-4 主打"抑菌"的舒肤佳广告

图4-5 用一句广告语打通市场的脑白金

图4-6 农夫山泉广告语

（5）金龙鱼。

在中国，嘉里粮油（隶属马来西亚华裔创办的郭氏兄弟集团香港分公司）旗下的金龙鱼食用油，多年来在小包装食用油行业中的地位一直以绝对优势稳居第一。调和油这种产品是金龙鱼创造出来的。当初金龙鱼在引进国外已经很普及的色拉油时，发现其在中国虽然有市场，但不完全被国人接受。原因是色拉油虽然精炼程度很高，但没有太多的油香，不符合中国人的饮食习惯。后来金龙鱼研制出将花生油、菜籽油与色拉油混合的产品，即调和油，让色拉油的纯净卫生与中国人的需求相结合，终于赢得中国市场。

为了将金龙鱼打造成为强势品牌，金龙鱼在品牌宣传方面不断创新，从最初的"温暖亲情，金龙鱼大家庭"到"健康生活金龙鱼"。然而，在多年的营销传播中，这些模糊的品牌概念除了让消费者记住了金龙鱼这个品牌名称外，并没有引发更多联想，而且大家似乎还没有清楚地认识到调和油是什么、有什么好处。

2002年，金龙鱼又一次获得了新的突破，关键在于其新的营销传播概念"1∶1∶1"。看似简单的概念，配合"1∶1∶1最佳营养配方"的理性诉求，既形象地传达出金龙鱼由三种油调和而成的特点，又让消费者认为只有1∶1∶1的金龙鱼才是最好的食用油（图4-7）。

图4-7 金龙鱼主打产品——食用调和油

三、学习任务小结

通过本次课的学习，同学们已经初步了解了USP理论的含义和特点，以及在实际营销活动中的使用方式，对USP理论有了全面的认识。在广告理论中，USP理论的应用非常广泛，课后，同学们要通过学习和社会实践，进一步深入了解USP理论，收集更多USP理论在广告领域的应用案例。

四、课后作业

请找出一个使用USP理论的品牌，并说明它是如何使用的。

学习任务三　4P 理论与 4Cs 理论

教学目标

（1）专业能力：了解 4P 理论和 4Cs 理论的基本知识。
（2）社会能力：通过教师讲授、师生问答、小组讨论，开阔学生视野，激发学生的学习兴趣和求知欲。
（3）方法能力：讲授法，案例分析法、创新思维能力。

学习目标

（1）知识目标：理解 4P 理论与 4Cs 理论的基本知识，以及两者之间的区别和联系。
（2）技能目标：能够厘清 4P 理论与 4Cs 理论的作用、组成和特点。
（3）素质目标：自主学习，理论与实操相结合，开阔视野，扩大认知领域。

教学建议

1. 教师活动

（1）前期收集 4P 理论与 4Cs 理论的资料，并运用多媒体课件、教学视频等多种教学手段，加深学生对 4P 理论与 4Cs 理论的认识。
（2）知识点讲授和应用案例分析应深入浅出，通俗易懂。
（3）引导学生回答问题，与学生互动分析知识点，引导学生进行小组讨论。

2. 学生活动

（1）认真听课、看课件、看视频；记录问题，积极思考问题，与教师良性互动，解决问题；总结、做笔记、写步骤、举一反三。
（2）细致观察、学以致用，积极进行小组间的交流和讨论。

一、学习问题导入

4P 和 4Cs 都是营销理论，4P 理论诞生于 20 世纪 60 年代，4Cs 理论则诞生于 20 世纪 90 年代。它们虽由不同的人提出，却有理论上的延续性，可以理解为一种镜面对照或者是互相补充。4P 理论和 4Cs 理论在营销理论中的地位很高，对于广告设计专业的学生来说，了解这两个经典的理论对理解广告营销有着非常重要的作用。

二、学习任务讲解

1. 4P 理论

4P 理论是一种营销理论，4P 是四个首字母都是 P 的英文单词的缩写，分别是指产品（product）、价格（price）、渠道（place）和促销（promotion）。杰瑞·麦卡锡在其《营销学》中最早提出了这个理论（图 4-8）。

图 4-8　4P 理论

（1）产品（product）。

从市场营销的角度来看，产品是指能够提供给市场被人们使用和消费并满足人们某种需要的任何东西，包括有形产品、服务、人员、组织、观念及其组合。

（2）价格（price）。

价格是指顾客购买产品时的价格，包括折扣、支付期限等。价格或价格决策，关系到企业的利润、成本补偿，以及是否有利于产品销售、促销等问题。影响价格的主要因素有三个，即需求、成本和竞争。最高价格取决于市场需求，最低价格取决于该产品的成本，在最高价格和最低价格的幅度内，企业能把产品价格定多高则取决于同种竞争产品的价格。

（3）渠道（place）。

渠道是指商品从生产企业流转到消费者手上的全过程中所经历的各个环节和推动力量之和。

（4）促销（promotion）。

促销是指包括品牌宣传（广告）、公关、促销等一系列的营销行为。

2. 4Cs 理论

4Cs 理论也称 4Cs 营销理论，是由美国营销专家劳特朋在 1990 年提出的，与传统营销的 4P 理论相对应。它以消费者需求为导向，重新设定了市场营销组合的四个基本要素，即顾客（customer）、成本（cost）、便利（convenience）和沟通（communication）（图 4-9）。

4Cs 理论强调企业应该把追求顾客满意放在第一位；其次是努力降低顾客的购买成本；然后要充分注意顾客购买过程中的便利性，而不是从企业的角度来决定销售渠道策略；最后还应以消费者为中心实施有效的营销沟通。

图 4-9　4Cs 理论

（1）顾客（customer）。

顾客主要是指顾客的需求。企业必须首先了解和研究顾客，根据顾客的需求来提供产品。同时，企业提供的不仅仅是产品和服务，更重要的是由此产生的客户价值。企业直接面向顾客，因而更应该考虑顾客的需要和欲望，建立以顾客为中心的零售观念，将"以顾客为中心"作为一条红线，贯穿于市场营销活动的整个过程。企业应站在顾客的立场上，帮助顾客组织挑选商品货源；按照顾客的需要及购买行为的要求，组织商品销售；研究顾客的购买行为，更好地满足顾客的需要；更注重为顾客提供优质的服务。

（2）成本（cost）。

成本不单是指企业的生产成本，或者说4P理论中的价格（price），它还包括顾客的购买成本，同时也意味着产品定价的理想情况应该是既低于顾客的心理价格，亦能够让企业有所盈利。

顾客在购买某一商品时，除耗费一定的资金外，还要耗费一定的时间、精力，这些构成了顾客总成本。所以，顾客总成本包括货币成本、时间成本、精神成本和体力成本等。顾客在购买商品时，总希望把有关成本降到最低，以使自己得到最大限度的满足。因此，企业必须考虑降低顾客总成本：降低商品进价成本和市场营销费用，从而降低商品价格，以减少顾客的货币成本；努力提高工作效率，尽可能减少顾客的时间成本，节约顾客的购买时间；通过多种渠道向顾客提供详尽的信息，为顾客提供良好的售后服务，减少顾客精神和体力的耗费。

（3）方便（convenience）。

方便即为顾客提供最大的购物和使用便利。4Cs营销理论强调企业在制定分销策略时，要更多考虑方便顾客，而不是方便企业自己。要通过良好的售前、售中和售后服务让顾客在购物的同时享受到便利。便利是客户价值不可或缺的一部分。最大程度上方便消费者，是目前处于过度竞争状态的企业应该认真思考的问题。

企业在选择地理位置时，应考虑地区、区域、地点等因素，尤其应考虑"消费者的易接近性"这一因素，使消费者方便到达商店，即使是远程的消费者，也能通过便利的交通接近商店。同时，在商店的设计和布局上要考虑方便消费者进出、上下，方便消费者参观、浏览、挑选，以及付款结算等。

（4）沟通（communication）。

4Cs营销理论认为企业应通过同顾客进行积极有效的双向沟通，建立基于共同利益的新型企业与顾客关系。这不再是企业单向的促销和劝导顾客，而是在双方的沟通中找到能同时实现各自目标的通途。

企业为了创立竞争优势，必须不断地与消费者沟通。与消费者的沟通包括：向消费者提供有关商店地点、商品、服务、价格等方面的信息；影响消费者的态度与偏好，说服消费者光顾商店、购买商品；在消费者的心目中树立良好的企业形象。在当今竞争激烈的零售市场环境下，零售企业的管理者应该认识到，与消费者沟通比选择适当的商品、价格、地点、促销方式更为重要，更有利于企业的长期发展。

3. 4P理论与4Cs理论的区别和联系

不论是4P理论还是4Cs理论都是指为了把产品传递到目标消费者手里，从而实现利润最大化所能够使用的手段。对于消费者而言，购买的产品必须要满足自身需求。同时，价格还要有一定吸引力。如果价格过高，超出了消费者的购买力，再好的产品也会失去销路，也就是说产品要具有较高的性价比。除了产品价格适中、满足消费者需求之外，还要有好的渠道，让客户能够顺利、方便、快捷地买到产品。最后，好的促销手段有利于客户了解产品。

实际上4P理论在企业中更易应用，因为每个P都可以找到具体的人或者部门来操作。比如说product就可以很容易对应到企业内部的研发部门或产品部门，price对应定价的部门（市场部或者财务部），place对应渠道部或市场部，而promotion就对应市场部或营销部。

4P理论和4Cs理论的区别在于着眼点不同。4P理论的着眼点是企业，也就是生产者，而4Cs则着眼于消费者，从消费者的角度来展开。因此，4Cs理论是更加贴近客户的营销理论，只有真正满足客户需求的企业才能成功。

4P理论和4Cs理论可以联系起来进行应用，可以把4P理论作为企业操作的工具，把4Cs理论作为4P理论实施效果的监控指标。比如说衡量产品（product）是否有竞争力，就要从产品是否满足客户需求、成本是否足够低两个方面来衡量。衡量营销部门促销（promotion）是否有效，就可以从与客户的沟通效果（communication）和客户接受沟通的便利性（convenience）来衡量。制定价格时要从客户的整体成本出发，根据客户需求的强烈程度来定价。最后，对于渠道（place）的策略，在考虑用什么方式把产品转移到客户手中时，同时要考虑客户获得产品的便利性（convenience），还要考虑客户通过这种方式获得产品的成本（cost）。

综上所述，4P理论和4Cs理论有着密切的联系，只要企业在实际使用4P理论时，实时通过4Cs理论来衡量4P理论的效果，企业才能不偏离客户需求，也更具竞争力。

三、学习任务小结

通过本次课的学习，同学们已经初步了解了4P理论与4Cs理论的基本概念和在实际营销活动中的使用方式，对4P理论与4Cs理论的区别与联系也有了全面的认识。课后，同学们要多收集4P理论与4Cs理论应用于企业实践的案例，总结、归纳其方法与规律。要想深入理解4P理论与4Cs理论，还需要结合实践中的案例进行分析与总结。

四、课后作业

应用4P理论和4Cs理论分析苹果手机。

学习任务 四 5W 模式

教学目标

（1）专业能力：了解 5W 模式的基本概念和要素。
（2）社会能力：通过教师讲授、师生问答、小组讨论，开阔学生视野，激发学生的学习兴趣和求知欲。
（3）方法能力：讲授法，案例分析法、创新思维能力。

学习目标

（1）知识目标：理解 5W 模式的基本概念和要素。
（2）技能目标：能够结合案例分析 5W 模式的应用特点。
（3）素质目标：自主学习，理论与实操相结合，扩大认知领域。

教学建议

1. 教师活动

（1）前期收集 5W 模式的资料，并运用多媒体课件、教学视频等多种教学手段，加深学生对 5W 模式的认识。
（2）知识点讲授和应用案例分析应深入浅出，通俗易懂。
（3）引导学生回答问题，与学生互动分析知识点，引导学生进行小组讨论。

2. 学生活动

（1）认真听课、看课件、看视频；记录问题，积极思考问题，与教师良性互动，解决问题；总结、做笔记、写步骤、举一反三。
（2）细致观察、学以致用，积极进行小组间的交流和讨论。

一、学习问题导入

美国学者 H. 拉斯维尔于 1948 年在《传播在社会中的结构与功能》一文中首次提出了构成传播过程的五个基本要素,并将它们按照一定结构顺序排列,形成了后来"5W 模式"或"拉斯维尔程式"的过程模式。这 5 个 W 分别代表 who(谁)、says what(说了什么)、in which channel(通过什么渠道)、to whom(向谁说)、with what effect(有什么效果)。5W 模式表明传播过程是一个带有目的性的行为过程,具有企图影响受众的目的。因此,传播过程是一种说服过程,其间的五个环节正是传播活动得以发生的精髓。

二、学习任务讲解

5W 模式中包含的五个要素几乎构成了广告活动的全部内容。

1. 传播者——控制分析

传播者是传播活动的起点。在大众传播中,传播者可以是个人,包括编辑、记者、导演、主持人、制作人等,他们是组织化了的职业传播者,他们制作、传播信息。传播者也可以是媒介组织,如报社、电台、电视台、出版社、电影公司等。

传播者在传播过程中负责搜集、整理、选择、处理、加工与传播信息。他们被称为"把关人",他们的这种行为被称为"把关"。这一概念由传播学奠基人之一的库尔特·卢因在他于 1947 年发表的《群体生活渠道》一书中首先提出。卢因认为:信息的传播网络中布满了把关人,这些把关人负责把关,过滤信息的进出流通。把关人的把关并非个体行为,它要受政治、法律、经济、社会、文化、信息、组织、受众、技术以及个人因素的影响。这种观点集中强调了传播者在社会大众传播早期的主导地位。

传播者在制作、传播信息的过程中控制着传播内容,而他们又是社会大系统中的一个子系统,受到所在社会的基本制度对他们的控制,他们本身也是社会控制手段之一。因此,对传播者的研究又称控制分析。

2. 传播内容——内容分析

传播内容是传播活动的中心,它包括传播内容和传播方式两部分。传播内容是在过程中生产出来的,这种内容并不是普遍意义上的信息,而是指所有通过大众传播媒介传播给受众的信息。审视大众传播的内容,其共性有以下四点。

(1)综合性。

无论是最初的大众化传播,还是专业化转变之后从整个媒介的内容体系而言,综合性一直都是其核心特征,且日渐强势,因为越是专业化分工,就越需要各专业媒介的社会整合。

(2)公开性。

大众传播的内容是面向整个社会的,因而它必然是公开的,不具有隐蔽性。但是由于传播目的不同,有时可以通过特殊的传播方式与手段,对公开性进行调整,或强化或淡化。

(3)开放性。

大众传播的内容是连续不断地输入与输出的,因而它是变化的、开放的系统,需要随着社会的发展变化而适时调整。

(4)大众性。

大众传播内容以大众为诉求对象,因而传播内容在诉求点、诉求方式、诉求时间与空间等方面要适应大众。这在大众化传播时代较为明显,当大众传播向专业化、分众化方向转变时,大众概念的外延逐渐缩小,此时的大众更多的是针对分众化后的群体。

因此，要实现有效的信息传播，就要掌握传播内容的生产、流动与分析、研究，即相应的内容分析的环节。内容分析是为了调查与研究内容与传、受双方的关系，其中可以有不同的方法，但基本作用都是相同的，这对传播者把握传播内容及其社会意义有重要的价值。

3. 渠道媒介——媒介分析

传播媒介是传播过程的基本组成部分，是传播行为得以实现的物质手段。媒介即中介或中介物，存在于事物的运动过程中。传播意义上的媒介是指传播信息符号的物质实体。传播学者威尔伯·施拉姆在其经典著作《传播学概论》中提道："媒介就是插入传播过程之中，用以扩大并延伸信息传送的工具。"面向大众传播信息符号的物质实体，我们可以称为大众传播媒介，包括报纸、杂志、广播、电视、电影、书籍等。以传播新闻信息符号为主的物质实体是新闻媒介，包括报纸、杂志、广播、电视等。

与此相对应的研究环节，即媒介分析，一直以来都是传播研究领域的重点，并且具有极大的现实意义。其研究主要可以从微观和宏观两个角度进行：通过分析微观媒介个体的本体特征，可以更好地驾驭和使用这种媒介；通过分析宏观媒介的整体生存环境，可以从中发现传播媒介如何满足社会政治、经济、文化等的需要，以实现其价值。在传统的传播学研究领域中，对大众传播媒介的研究主要从以下几个角度展开。

（1）媒介的传播手段：媒介是用什么来传播信息的，即用什么传播符号。这是区别媒介的根本，也是认识媒介特点的出发点。

（2）媒介的时效性：不同的传播媒介在信息传播速度上有各自鲜明的特点。

（3）媒介的持久性：媒介保存信息与受众接触的时间长度，与时效性成反比，同时也因不同媒介而各不相同。

（4）受众参与媒介的程度：受众是带有目的和参与意识主动使用媒介的，受众对媒介的参与主要指受众接触和使用媒介的介入程度。受众参与程度不同，媒介也会有所不同。

从以上四个角度研究传播媒介，可以比较全面地认识传播媒介的特点和规律。随着大众传播媒介的发展，尤其是进入网络时代之后，对传播媒介的研究角度也在不断调整，但对其基本特征的把握仍然是最关键的。

4. 受众——受众分析

接受者又称受众，是主动的信息接收者、信息再加工的传播者和传播活动的反馈源，是传播活动产生的动因和中心环节之一，在传播活动中占有重要的地位。

在人际传播和组织传播中，传播者和受众相对存在，一定条件下，二者可以互换，且二者主要在面对面的环境下完成传播行为，可以及时反馈并调整传播内容和方式。而在大众传播过程中的受众，是对社会媒介信息接收者的总称，具体包括报刊书籍的读者、广播的听众、电影戏剧的观众。他们能够决定传播内容、传播媒介，甚至传播者本身的生存前景。从这个角度来说，第五媒体的出现改变的不仅是传播者与受传者的角色定位和相互关系，它也前所未有地使自我传播、人际传播、组织传播及大众传播这几种传播类型实现了完美的结合。

对受众问题的研究分析，主要围绕受众的特点、受众的行为动机、受众的价值及其社会意义这几个方面展开。其中，有关传授关系的研究最为关键，围绕这一问题，传播模式中各环节的相互关系也在不断调整。

5. 效果——效果分析

传播效果的研究是指传播者发出的信息经媒介传至受众而引起受众思想观念、行为方式等的变化。效果研究主要集中在大众传播在改变受众固有立场、观点上有多大影响力这一方面，但也涉及了大众传播对社会及文化所造成的影响。可以说效果研究一直都是传播研究领域中历史最长、争议最大、最有现实意义的环节。

1981年，美国传播学家沃纳·赛佛林和小詹姆斯·坦卡德在综合前人研究的基础上对传播效果的研究轨迹做了概括性的总结，将其分为"枪弹论""有限效力论""适度效力论""强效力论"四个阶段，并指出其呈螺旋状前进的趋势。这些都是理论性概括总结，侧重于对传播学研究历史进程的把握。这种宏观的研究为传播媒介的微观效果研究提供了诸多启示性的观点，如两极传播与舆论领袖的理论、使用与满足理论、创新与扩散理论、沉默的螺旋理论等。这些理论都是在总结传播现象之后建立理论模型并经过验证的，最重要的是它们对传播实践具有重要的指导意义。

从具体的传播效果来看，大众传播媒介的发展使个人可以方便快捷地了解世界，受众希望获得的国内国际范围内的政治、经济、军事、外交、文化、社会生活等方面的情况大多由大众传媒处获得。大众传播媒介在传播知识的同时还将社会肯定的价值观传递给了受众，进一步加快了受众的社会化进程。此外，大众传播媒介还对群体、社会和文化产生影响。总而言之，这种效果是长期和潜在的，受众、传媒和社会相互作用，彼此独立而又统一、相互制约而又促进对方的发展。

三、学习任务小结

通过本次课的学习，同学们已经初步了解了 5W 模式的基本概念和在实际营销活动中的使用方式，对 5W 模式中包含的五个要素，即传播者、传播内容、渠道媒介、受众和效果也有了全面的认识。课后，同学们要通过学习和社会实践，进一步了解和使用 5W 模式。

四、课后作业

请结合案例说明 5W 模式的五个要素是如何应用于广告实践的。

学习任务五 消费者行为

教学目标

（1）专业能力：了解消费者的基本概念和类别，掌握消费者的购买决策、购买动机以及影响消费行为的因素。

（2）社会能力：通过教师讲授、师生问答、小组讨论，开阔学生视野，激发学生的学习兴趣和求知欲。

（3）方法能力：讲授法，案例分析法、创新思维能力。

学习目标

（1）知识目标：了解消费者的基本概念和类别。

（2）技能目标：理解消费者的购买决策、购买动机以及影响消费行为的因素。

（3）素质目标：自主学习，理论与实操相结合，扩大认知领域。

教学建议

1. 教师活动

（1）前期收集消费者行为研究的资料，并运用多媒体课件、教学视频等多种教学手段，加深学生对消费者行为研究的认识。

（2）知识点讲授和应用案例分析应深入浅出，通俗易懂。

（3）引导学生回答问题，与学生互动分析知识点，引导学生进行小组讨论。

2. 学生活动

（1）认真听课、看课件、看视频；记录问题，积极思考问题，与教师良性互动，解决问题；总结、做笔记、写步骤、举一反三。

（2）细致观察、学以致用，积极进行小组间的交流和讨论。

一、学习问题导入

从狭义上理解，消费者行为是指消费者的购买行为以及对消费资料的实际消费行为。从广义上理解，消费者行为是指消费者为索取、使用、处置消费物品所采取的各种行动以及决定这些行动的决策过程，甚至包括消费收入的取得等一系列复杂的过程。消费者行为是动态的，它涉及感知、认知、行为以及环境因素的互动作用，以及交易的过程。

二、学习任务讲解

1. 消费者的含义

消费者，是指为达到个人消费使用目的而购买各种产品与服务的个人或最终使用产品的个人。在广告活动中，可以从两方面来认识消费者：一是把消费者看作市场营销的对象，消费者的需求是产品生产和市场营销的出发点，企业的经营活动以消费者为中心展开；二是把消费者看作消费行为的主体，需要全面深入地研究、把握消费者的心理和行为。

2. 消费者的类别

从营销的角度看，消费者有各种各样的类型。运用不同的分类标准，可以对消费者进行具体的分类。

（1）按照消费目的进行划分。

按照消费目的进行划分，消费者可以分为最终消费者和产业消费者。最终消费者是为了满足个人、家庭需求而购买、消费某种产品或劳务的个体或家庭，又分为个体消费者和家庭消费者。产业消费者是非最终用户市场中购买用户制造其他产品或者其他劳务，以及进行转卖等经营活动的消费者。产业消费者是组织化的消费者，但最终还是以个体的形式出现。

（2）按照消费状态进行划分。

按照消费状态进行划分，消费者可以分为现实消费者和潜在消费者。现实消费者是指对某种消费有了需求，并且发生实际消费行为的消费者。潜在消费者是指对某种消费产生了需求，现实中没有实际购买行动，但在未来的某一时期内很有可能产生消费行为的消费者。

3. 消费者的购买决策

（1）购买角色。

日常生活用品的购买，往往是在家庭内部决定的。在购买过程中，家庭成员可以分别扮演发起者（第一个产生购买动机的人）、影响者（看法会影响最后购买者的人）、决定者（最后全部或部分做出购买决定的人）、购买者（实施认购行为的人）和使用者（消费或使用该产品或服务的人）等不同的角色。在产业市场中，购买组织的成员分别扮演使用者、影响者、决定者、批准者、购买者和把关者六种角色。

（2）购买决策过程。

图4-10 购买决策过程示意图

购买决策一般包括五个环节，即需求、信息搜索、选择评估、购买决策和购后评价（图4-10）。

① 需求。

消费者认识到自己有某种需要时，是其决策过程的开始。这种需要可能是由内在的生理活动引起的，也可能是受到外界的某种刺激引起的。例如，看到别人穿新潮服装，自己也想购买。因此，营销者应不失时机地采取适当措施，唤起和强化消费者的需求。

② 信息搜索。

信息来源主要有四个方面：个人来源，如家庭、亲友、邻居、同事等；商业来源，如广告、推销员、分销商等；公共来源，如大众传播媒介、消费者组织等；经验来源，如操作、实验和使用产品的经验等。

③ 选择评估。

消费者得到的各种有关信息可能是重复的，甚至是互相矛盾的，因此还要进行分析、评估和选择，这是决策过程中的决定性环节。在消费者的评估选择过程中，有几点值得营销者注意：一是产品性能是购买者所考虑的首要问题；二是不同消费者对产品的各种性能的重视程度或评估标准不同；三是多数消费者的评选过程是将实际产品同自己理想中的产品相比较。

④ 购买决策。

消费者对商品信息进行比较和评选后，已形成购买意愿，然而从购买意愿到决定购买之间，还会受到两个因素的影响：一是他人的态度，如他人反对态度越强烈，或持反对态度者与购买者关系越密切，改变购买意愿的可能性就越大；二是意外的情况，如失业、涨价等都很可能改变购买意图。

⑤ 购后评价。

消费者购买商品后，一般通过自己的使用和他人的评价，对所购买的产品再次进行评估，并把自己所观察到产品的实际性能与对产品的期待进行比较，得到相应的反应。购买后的满意程度，决定了消费者的购后活动、消费者是否重复购买该产品、消费者对该品牌的态度，并且还会影响到其他消费者，形成连锁效应。

4. 消费者的购买动机

动机是否得到满足，直接影响消费者对商品或营销者的态度，并伴随消费者的情绪体验。这些不同的情绪体验，在不同的顾客身上会表现出不同的购买动机，具有稳定性。

（1）感情动机。

感情动机可以分为求美动机（从美学角度选择商品）、嗜好动机（满足特殊爱好）和攀比动机（对地位的要求、争强好胜心理）。

（2）理智动机。

理智动机是消费者经过对各种需要的商品、不同商品满足需要的程度和商品价格进行认真思考以后产生的动机，具有客观性、周密性、控制性。理智动机可以分为求实动机（看重产品的实用价值）、求新动机（看重产品的新潮、奇异特点）、求优动机（看重产品的质量性能）、求名动机（看重产品的品牌）、求廉动机（喜欢买廉价的商品）和求简动机（要求产品使用程序、购买过程简单）。

（3）惠顾动机。

惠顾动机是指感情和理智的经验会使消费者对特定的商店、品牌或商品产生特殊的信任和偏好，重复地、习惯性地前往购买而形成的一种行为动机，具有经常性、习惯性。

购买动机示意图如图4-11所示。

5. 影响消费行为的因素

（1）文化因素。

文化是人们在社会实践中形成的，是一种历史现象的沉淀。同时，文化又是动态的，不断地发生变化。

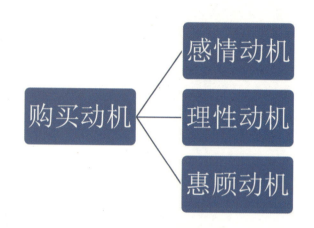

图4-11 购买动机示意图

文化一般由两部分组成：一是全体社会成员共同的基本核心文化；二是具有不同价值观、生活方式及风俗习惯的亚文化。消费者因民族、宗教信仰、种族和所处地域不同，必然有不同的生活习惯、生活方式、价值取向、文化偏好和禁忌，这些因素都会对购买行为产生影响。

（2）社会因素。

消费者行为亦受到社会因素的影响，包括消费者的家庭、参考群体和社会阶层。

家庭是消费者个人所归属的最基本团体。一个人从父母那里学习到许多日常的消费行为。即使在长大离家后，原生家庭仍然有明显的影响。消费者行为深受家庭生命周期的影响，每一个生命周期阶段都有不同的购买行为。销售者可以按照生命周期阶段来界定目标市场，并针对不同的生命周期阶段发展不同的行销策略。

一个人的消费行为受到许多参考群体的影响。直接影响的群体称为会员群体，包括家庭、朋友、邻居、同事等主要群体和宗教组织、专业组织和同业工会等次级群体。崇拜群体是另一种参考群体。有些产品和品牌深受参考群体的影响，有些产品和品牌则较少受到参考群体的影响。对那些深受参考群体影响的产品和品牌，消费者必须设法接触相关参考群体的意见领袖，把相关的信息传递给他们。

社会阶层是指按照一定的社会标准，如收入、受教育程度、职业、社会地位及名望等，将社会成员划分成若干社会等级。同一社会阶层的人往往有着共同的价值观、生活方式、思维方式和生活目标，并影响着他们的购买行为。美国市场营销学家和社会学家华纳从商品营销的角度将美国社会分成六个阶层。既然每个社会都有不同的阶层，其需求也具有相应的层次。收入水平相同的人，其所属阶层不同，其生活习惯、思维方式、购买动机和消费行为也有着明显的差别。因此，企业和营销人员，可以根据社会阶层进行市场细分，进而选择目标市场。

(3)个人因素。

影响消费者行为的个人因素包括年龄、职业、性别、经济状况、生活方式、性格和自我观念等。

(4)心理因素。

消费者的行为还受到动机、感觉、态度、直觉、学习与理念等心理因素的影响。不同的消费者在具体的消费心理上,如对健康、安全、审美、娱乐的感知和态度,存在着很大的区别。同时,这些心理又影响着消费者的决策过程和决策行为。

三、学习任务小结

通过本次课的学习,同学们已经初步了解了消费者行为的基本概念和在实际营销活动中的使用方式,对消费者的购买决策和购买动机,以及影响消费行为的因素也有了全面的认识。课后,同学们要结合具体的广告应用案例分析消费者行为对于广告的价值和意义。

四、课后作业

请以自己某次的购买行为为例说明消费者的购买决策所包含的内容。

学习任务六 认知理论与广告心理学

教学目标

（1）专业能力：了解认知理论与广告心理学的基本知识，掌握其作用、组成和分类。

（2）社会能力：通过教师讲授、师生问答、小组讨论，开阔学生视野，激发学生的学习兴趣和求知欲。

（3）方法能力：学以致用，加强实践，通过不断学习和实际操作，掌握认知理论与广告心理学的基本知识。

学习目标

（1）知识目标：理解和掌握认知理论与广告心理学的基本知识。

（2）技能目标：能够厘清认知理论与广告心理学研究的作用、组成和分类，并能举一反三说明认知理论与广告心理学的使用特点和适用范围。

（3）素质目标：自主学习、一丝不苟、细致观察、举一反三，理论与实践相结合，开阔视野，扩大认知领域，提升专业兴趣，提高运用消费者行为研究的能力。

教学建议

1. 教师活动

（1）前期收集认知理论与广告心理学的资料，并运用多媒体课件、教学视频等多种教学手段，加深学生对消费者行为研究的认识。

（2）知识点讲授和应用案例分析应深入浅出，通俗易懂。

（3）引导学生回答问题，与学生互动分析知识点，引导学生进行小组讨论。

2. 学生活动

（1）认真听课、看课件、看视频；记录问题，积极思考问题，与教师良性互动，解决问题；总结、做笔记、写步骤、举一反三。

（2）细致观察、学以致用，积极进行小组间的交流和讨论。

一、学习问题导入

认知理论（theories of cognition）是关于有机体学习的内部加工过程，如信息、知识及经验的获得和记忆、达到顿悟、使观念和概念相互联系以及问题解决的各种心理学理论。下面我们一起学习认知理论与广告心理学的相关内容。

二、学习任务讲解

1. 认知理论

（1）认知失调论。

有的心理学家将认知不协调称为认知失调论。认知失调论是社会心理学的基本理论之一，也是态度和认知研究范畴中的一个重要课题。认知失调理论是由费斯廷格在1957年提出来的。他以认知元素为基本单位（认知元素指有关环境、个人及个人行为的任何认识、意见及信念），将任意两个单位的关系区分为协调、不协调和不相关三种。简言之，认知不协调就是指两种认识上的不一致而导致紧张心理状态，产生动机冲突。

这种不协调程度取决于两个因素：一是认知对个体的重要程度，二是与某一不平衡的特殊问题有关的认知与总认知所占的比例。费斯廷格假定，当认知之间的不协调程度增加时，个人感受到要改变这种状况的心理压力也就越大。如果得不到解决，就必然导致人格失常与离轨行为。

（2）认知一致论。

对于态度的形成，西方社会心理学家提出三种不同的理论解释：① 学习论，认为态度和其他习惯一样是通过后天学习而获取的；② 诱因论，认为一个人采取的态度受他对收益多少的考虑决定；③ 认知一致论。其中，认知一致论是影响较大的一种理论。

认知一致论强调人在认识的过程中总是寻求一种平衡的、一致的、协调的状态。一个人如果有几种信念或观点彼此不协调，他将感受到心理上的压力，进而引起认知结构的重新组合，以便恢复知觉完形观和勒温的场论。它试图说明态度的不同成分之间有趋向一致的压力。

（3）认知过程编辑。

认知过程是个体认知活动的信息加工过程。认知心理学将认知过程看成一个由信息的获得、编码、存储、提取和使用等一系列连续的认知操作阶段组成的按一定程序进行信息加工的系统。

信息的获得就是接受直接作用于感官的刺激信息。感觉的作用就在于获得信息。信息的编码是将一种形式的信息转换为另一种形式的信息，以利于信息的存储、提取和使用。个体在知觉、表象、想象、记忆、思维等认知活动中都有相应的信息编码方式。

2. 认知理论与广告心理学

广告的作用机制与消费者的认知过程高度契合，可以从以下方面进行探讨。

（1）感觉和知觉。

感觉和知觉的途径有许多种，但对人的认识有重要作用的是视觉、听觉和知觉。

① 视觉刺激。

一个健康人从外界接收的信息的80%~90%是通过视觉获取的，而广告活动就是把利用对视觉器官的刺激使消费者产生兴奋感作为一种基本手段。

② 听觉刺激。

听觉刺激也是广告宣传发挥作用的有效途径。实践证明，音高、响度和音色对广告宣传都具有关键影响。广告宣传不仅要考虑这三种因素，而且还应该注意它们之间的互相作用。

有广告心理学研究显示，男高音和女低音比男低音和女高音的效果要差。

同时，多余的噪声或者与产品或品牌不符合的音乐调性也会使受众产生认知失调感，从而影响广告信息的传播。

（2）AIDAS 原理（图4-12）。

AIDAS 原理是由刘易斯（Lewis）提出的，说明消费者做出购买决定是一个逐步发展的心理过程，它包括以下五个阶段。

图 4-12 用户行为决策模型 AIDAS

① Attention（关注）。

能否引起关注往往就在一瞬间。所以许多广告通过大标题配上大图片吸引消费者的注意。这种方式往往最有效。

② Interest（兴趣）。

告诉消费者购买该产品带来的利益和好处，这样消费者才会乐意购买产品。

③ Desire（购买欲）。

能够引起消费者购买欲望的就是消费者需要的产品；让消费者知道该产品可以很好地解决消费者的问题，满足消费者的欲望。

④ Action（购买行为）。

当消费者打算购买商品的时候，就需要被告知购买方式和购买流程。

⑤ Satisfaction（满足感）。

虽然满足感无法直接提高转化率，但可以维持老用户。获得一个新用户的成本是维持一个老用户的成本的 2～6 倍。产品获得良好口碑，用户会不断回购，并且会向身边人推荐该产品。

（3）记忆。

记忆是人脑对经验过事物的识记、保持、再现或再认，它是进行思维、想象等高级心理活动的基础。人类记忆与大脑海马结构、大脑内部的化学成分变化有关。

记忆作为基本的心理过程，与其他心理活动密切联系。记忆联结着人的心理活动，是人们学习、工作和生活的基本机能。把抽象无序转变成形象有序的过程是记忆的关键。

对广告信息的记忆是消费者做出购买决策必不可少的条件，因此，在广告设计中有意识地增强消费者记忆的效果是非常必要的。

根据记忆的原理，在广告宣传中可以采取如下策略。

① 适当减少广告中识记材料的数量。

② 充分利用形象记忆优势。

③ 设置鲜明特征，便于识记、回忆和追忆。

④ 适时重复广告，拓宽宣传途径。

⑤ 提高消费者对广告的理解。

⑥ 合理编排广告重点记忆材料的系列位置。

⑦ 引导人们使用正确的广告记忆。

（4）联想。

联想是心理学家较早研究的一种心理现象，一般性联想规律有四种：接近联想、类似联想、对比联想、因果联想。

运用联想的商业广告设计，实际上是对有关信息的升华，是具体和抽象综合表现的广告手法（图4-13）。

在商业广告中充分发挥联想的作用，必须掌握目标消费者的心理需求，从而有针对性地利用各种易于创造和激发联想的广告因素。

比如钻石品牌Forever Mark（中文名：永恒印记）的广告词"钻石恒久远，一颗永留传"，就把钻石这一自然产物跟永恒的概念联想在一起，让目标消费者产生对永恒的美好联想，也更愿意接受钻石的高昂价格（图4-14）。

图4-13 人类共有的心理现象——联想

图4-14 钻石品牌Forever Mark的广告

（5）广告诉求。

广告诉求是广告通过媒介向目标受众诉说，以求达到所期望的反应。

广告诉求是商品广告宣传中所要强调的内容，俗称"卖点"，它体现了整个广告的宣传策略，往往是广告成功关键所在。倘若广告诉求选定得当，会对消费者产生强烈的吸引力，激发消费欲望，从而促使消费者实施购买商品的行为。

广告诉求是广告内容的重要部分，是创意性的企图和信息传播者为了改变信息接收者的观念，在传播信号中所应用的某些心理动力，以引发消费者对某项活动的动机，或影响消费者对某样产品或服务的态度。

广告诉求方法从性质上可分为理性诉求和感性诉求两类。

① 理性诉求。

广告的理性诉求是指广告诉求定位于受众的理智动机，真实、准确、公正地传达企业、产品、服务的客观情况。它是受众经过概念、判断、推理等思维过程后，理智做出的决定。广告的理性诉求主要是告诉受众购买某种产品或接受某种服务会获得的好处，或者告诉受众不购买某种产品或不接受某种服务会对自身产生的影响。理性诉求广告具有一定的强制性，需要消费者通过理性思考、分析、比较，进而做出选择。恰当地使用理性诉求策略，可以起到良好的劝服效果；但如果使用不当又会变成一种说教，使消费者从本能上产生抵触情绪，导致广告达不到预期效果。

② 感性诉求。

广告的感性诉求直接诉诸消费者的情感、情绪，如喜悦、恐惧、爱、悲哀等，使消费者对品牌形成印象或者改变态度。在这类广告中，消费者首先得到的是一种情绪、情感的体验，是对产品的一种感性认识，是知识产品的软信息。这种软信息能够在无形中把产品的形象注入消费者的意识中，潜移默化地改变消费者对产品的态度。感性诉求广告以消费者的情感或社会需要为基础，宣传的是广告品牌的附加价值。

三、学习任务小结

通过本次课的学习，同学们已经初步了解了认知理论与广告心理学的基本概念和在实际营销活动中的使用方式，对认知理论与广告心理学有了全面的认识。课后，同学们要通过学习和社会实践进一步了解和使用认知理论与广告心理学。

四、课后作业

（1）请举例说明何为理性诉求，何为感性诉求。

（2）以小组为单位对收集的资料进行整理与汇总，并制作成 PPT 进行展示。

项目五

广告实务

学习任务一　广告市场调查
学习任务二　广告创意
学习任务三　广告文案
学习任务四　广告策划
学习任务五　广告媒介
学习任务六　广告效果测评

教学目标

（1）专业能力：了解广告市场调查的概念、内容、程序、目的和要求，掌握市场调查的方法和技巧。

（2）社会能力：懂得分析优秀广告案例中的市场调查环节，并在具体的广告环节中设计合适的广告市场调查方案。

（3）方法能力：具备基本的广告市场调查能力，能撰写市场调查报告。

学习目标

（1）知识目标：了解和掌握广告市场调查的概念、内容、程序、目的、要求、方法和技巧。

（2）技能目标：能设计简单的广告市场调查方案，具备市场调查能力。

（3）素质目标：自主学习、严谨细致、举一反三，理论与实操相结合。

教学建议

1. 教师活动

（1）讲述广告市场调查的概念、内容、程序、目的、要求、方法和技巧，分析广告活动中市场调查与广告效果之间的关系，并通过前期收集广告调查案例的资料，说明市场调查在广告中的重要性。

（2）知识点讲授和应用案例分析应深入浅出，通俗易懂。

2. 学生活动

（1）认真听课、看课件、看视频；记录问题，积极思考问题，与教师良性互动。

（2）学以致用，积极进行交流和讨论。

一、学习问题导入

孙武在《孙子·谋攻篇》中提出"知己知彼，百战不殆"，只有了解竞争对手的实际情况，才能够有效地进行产品的设计和广告宣传。商业市场瞬息万变，竞争环境日益激烈，在企业宣传广告设计中，传统的内容表现方式逐渐失去竞争力，只有符合市场需求、体现差异性的设计内容才能提升企业的市场竞争力。市场调查作为企业寻求差异化的重要方式，在广告设计中已经被很多广告公司运用。在项目前期，广告公司根据项目不同内容选择不同的方式进行市场调研，以在竞争市场中获取同行的宣传方式、宣传内容和消费者的需求点，经过有效的汇总和分析，得出消费痛点，进而进行有针对性的设计。

二、学习任务讲解

1. 广告市场调查的概念

广告市场调查是广告调查的内容之一，是指对与广告活动密切相关的市场营销组合因素的调查和企业微观环境的调查。一般来说，市场调查的内容较为复杂，范围也较为宽泛，从不同的角度出发，市场调查的内容和范围也不同。从广告运作方面来定义市场调查，就是运用科学的方法，有目的、有计划、系统客观地收集、记录、整理、分析有关市场的信息资料，从而了解市场的现状和发展变化的趋势，为决策者的决策活动提供可靠科学依据的活动。如果只从广告运作的规律考虑，市场调查的内容和范围比较明确，主要包括市场环境调查、广告企业经营情况调查、广告产品情况调查、市场竞争性调查、消费者调查等内容。

2. 广告市场调查的内容

（1）市场环境调查。

① 人口调查。

人口调查主要包括目标市场的人口总数、性别、年龄分布、文化构成、职业分布、收入情况以及家庭人口、户数与婚姻状况等内容。通过对这些数据的统计分析，为确定诉求对象、诉求重点提供依据。

② 社会文化与风土人情调查。

社会文化与风土人情调查主要包括民族、文化特点、风俗习惯、民间禁忌、生活方式、流行时尚、民间节日、宗教信仰等内容。对这些内容进行分析，可以为确定广告的表现方式和广告日程提供事实依据。

③ 政治经济调查。

政治经济调查主要包括国家的法律法规、方针、政策、重大政治活动、政府机构情况、社会发展水平、工农业发展现状、商业布局等内容，是制定产品策略、市场营销策略和进行广告决策的依据。

（2）广告企业经营情况调查。

广告企业经营情况调查是指对企业广告的历史现状、规模及行业特点、行业竞争能力等情况的调查。其目的是为广告策划和创意提供依据，从而有效地实施广告策略，强化广告诉求。主要内容包括以下几点。

① 企业历史：主要包括广告企业是新企业还是老企业，在历史上有什么成绩，其社会地位和社会声誉如何等。

② 企业设施和技术水平：主要包括生产设备和操作技术是否先进，发展水平如何。

③ 企业人员素质：主要包括人员的知识构成、技术构成、年龄构成、规模、科技成果、业务水平、工作态度、工作作风等情况。

④ 经营状况和管理水平：包括企业经营的成绩如何，企业组织结构和工作制度是否健全，工作秩序是否良好有序，企业的市场分布区域和流通渠道是否畅通，以及公关业务开展情况等。

⑤ 经营管理方法：包括企业经营的生产目标、销售目标、广告目标，以及实现上述目标采取的经营举措、方式等。

（3）广告产品情况调查。

广告产品调查是市场调查的重要内容，要从产品的诸方面进行，确定此类产品是否在市场上适销，并提出指导性意见，为企业的营销战略和广告策划提供参考依据。广告产品调查的主要内容如下。

① 产品生产：包括广告产品的生产历史、生产过程、生产设备、制作技术和原材料使用，以便掌握产品工艺流程和保证产品质量。

② 产品性能：主要包括产品的功能，与同类产品比较的优点和长处；还有产品的外形特色、规格、花样、款式、质感，以及包装设计等。

③ 产品类别：主要调查产品是属于生产资料还是消费品。生产资料的主要类别有原料辅料、设备工具、动力。消费品的主要类别有日常用品、选购品和特购品。只有分清产品类别，广告设计和广告决策才有针对性，广告媒体选择才能准确恰当。

④ 产品生产周期：指产品在市场的销售历史。产品的生产周期分为五个阶段，即引入期、成长期、成熟期、饱和期和衰退期。产品处于不同的生命周期，其生产工艺水平不同，消费者需求特点不同，市场环境情况也不同，因而所要采取的广告策略就不同。

⑤ 产品服务：包括销售服务与售后服务。销售服务包括代办运输、送货上门、代为安装、调试培训操作人员等。售后服务包括维修和定期保养。在现代市场经济中，产品服务是影响销售的重要内容，尤其是耐用消费品和重要生产设备。产品服务的宣传也是增强消费者对广告产品信任感的重要方面。

（4）市场竞争性调查。

市场经济的原则之一是公平竞争。现代商品的市场竞争愈演愈烈，在市场竞争性调查中，重点要明确市场竞争的结构和变化趋势、主要竞争对手的情况以及企业产品竞争成功的可能性。在广告创业的竞争性调查中还要了解广告市场竞争的状况、各种广告手段与效果分析以及提出新广告策划的思路，通过这种调查性分析找到最有希望的产品销售突破口和最佳的广告创意。市场竞争性调查的内容如下。

① 产品的市场容量：包括生产经营同类产品的规模、市场占有率及发展变化特点。

② 竞争对手的销售服务和售后服务方式，以及消费者的评价。

③ 竞争对手的生产经营管理水平，尤其是销售的组织状况、规模和力量以及销售渠道选择方式。

④ 竞争对手所采用的广告类型与广告支出。

（5）消费者调查。

"知道人们在一杯饮料中放几块冰吗？一般来说，人们都不知道，可是可口可乐公司知道。"这是美国作者约翰·科恩在谈到美国公司重视对消费者情况的调查时说的一段话。尽管在一杯饮料中投放几块冰，对消费者来说是微不足道的小事，但是对企业广告公司来说却是极为重要的大事。由于可口可乐公司了解人们在一杯饮料中加入冰块的数据，因此掌握了美国餐厅饮料及冰块的需求量，可见对消费者群体进行调查研究对企业来说至关重要。

市场调查针对的消费者包括工商企业的用户和社会个体消费者，通过对消费者购买行为的调查，研究消费者的物质需求、购买方式和购买决策，为确定广告目标的广告策略提供依据。消费者调查的内容主要包括以下几点。

① 消费者的风俗习惯、生活方式，不同类型消费者的性别、年龄、职业、收入水平、购买能力以及对产品商标和广告的认识与态度。

② 产品使用者的阶层，消费者对产品的品牌、质量、供应数量、供应时间、价格、包装以及服务等方面的意见和要求，潜在客户对产品的态度和要求，以及消费群体对新产品的需求。

③ 影响消费的因素：包括消费者的购买动机、购买能力和购买习惯。

a. 购买动机是指推动消费者购买某种商品的念头。只有找准促成消费者购买行为的购买动机，才能使广告宣传做到有的放矢。

b. 购买能力是指消费者在实施购买行为时的经济能力。研究购买能力是制定广告战略不可缺少的重要内容。

c. 购买习惯是指消费者日常喜欢在何时、何地以及以何种形式进行购买的行为。一般情况下，消费者购买商品的时间选择是有规律的，比如有人常常在星期日购物，有人则中午或晚上购物。再比如季节交换、节日来临、工资发放等时间节点，都是影响购买行为的因素。这些信息可为广告时机、地域选择提供有价值的参考依据。

3. 广告市场调查的程序

广告市场调查的程序包括六个实施步骤，即确定调查目标、拟订调查计划、设计调查表、实地调查、统计分析调查资料和提出调查报告。

4. 广告市场调查的目的

（1）产品定位。

广告市场调查可以确定某种商品的市场定位。通过这种产品定位进而推导出产销策略定位，并且确定产品的广告定位。广告市场调查的一个主要目的就是使广告的定位更切合实际，扩大产品的知名度，进而巩固产品的市场。

（2）制定广告策略。

广告策略没有固定的模式，确定以何种广告策略表现营销的目的，归根结底在于对市场实际情况的了解程度。只有通过对市场和不同层次消费群体的分析，才能提出有针对性的广告策略，没有深入的市场调查，具体有效的广告策略便无法制定。因此，广告市场调查是制定广告策略的前提和手段。

（3）确定广告媒体的方式。

对于不同的商品、消费者、消费区域和时机，广告媒体方式起到的促销作用也是不同的。市场调查可以使广告策划者根据不同的市场行情和消费走势，以及社会文化的背景条件，确定最适当的广告媒体方式，以最有效地达到推销和促销的目的。

（4）寻求最佳的广告诉求点。

"消费者是上帝"这一商界格言说明了消费者在市场经济中所处的重要地位。对于广告活动来说，广告策划者必须关注对消费者的调查研究。消费者的消费态度和消费方式受多种因素制约，商品推销的关键在于寻求最佳的广告诉求点，这是广告策划的核心。因此，广告市场调查的目的就是通过广泛、深入的市场调查，确定广告的最佳诉求点，达到与消费者的良好沟通，从而促进商品的销售。

（5）确定广告时机。

广告时机的选择是广告策划的重要内容，也是广告媒体选择程序中的重要步骤。广告时机的选择不是主观随意的，从根本上来说要服从市场的变化和消费者的需要。广告市场调查的目的之一就是把握广告推出的最佳时期，以达到事半功倍的效果。

5. 广告市场调查的要求

广告市场调查是一项目的性、实践性、系统性较强的工作，无论是对企业的决策者，还是对广告的策划者来说都十分重要。没有经过市场调查的产品，是不宜轻易生产经营的。没有对市场进行调查、分析及预测，广告策划与创意也是无根据的和盲目的，不可能达到预想的效果。广告市场调查的最终目的就是使企业的全部营销战略服从市场和消费者的需要。广告市场调查要求主要包括以下几点。

（1）广告市场调查必须经常性地进行。

市场本身就是一个千变万化、错综复杂的动态系统，这就要求市场调查必须具有时效性，要及时进行调查，以获取最新的数据。没有及时和经常性地进行市场调查，就不可能适时地、准确地观察到市场的变化和市场出现的新情况、新趋势和新特点，企业就不能及时采取应变措施，其结果不但使产品难以打开销路，还会使产品逐渐失去竞争力，变成滞销品。因此，必须确立广告市场调查的长远规划，建立适应的工作制度，真正发挥市场调查在营销广告策划与创意中应有的功效。

（2）广告市场调查必须有目标地进行。

广告市场调查的成功主要取决于市场调查目标的确立，市场调查的目标与主题相关，主题可以派生出广告策划的主导思想。因此，市场调查的重要方式就是提出目标或以预测市场发展的趋向为目标，并针对性地制定相应的市场调查方案，依据不同的市场调查方案，构思新的广告方针和策略。

虽然市场调查目标有总体目标与具体目标的差别，但其都要求和广告策划的主题紧密结合。只有与市场调查的目的相关，才能有的放矢地使广告策划发挥作用。

（3）广告市场调查必须遵循精确性原则。

广告市场调查的精确性原则要求市场调查的对象和市场信息要精确，调查数据要充分、真实，这是制定广告策略的基础和前提。

6. 广告市场调查的方法

广告市场调查方法是指在进行市场调查时，用以发掘资料来源，搜集整理资料信息，实现市场调查目的，进而确定广告策划的各种途径和方法。

（1）市场普查法。

市场普查法是以市场总体为调查对象的一种调查方法，是为了了解市场进行的一次全面调查，这种调查方法的基本特点是全面、精确和稳定。市场普查法通常由专门的普查机构主持，需要统一组织人力和物力，确定调查的时间，提出调查的要求和计划。

（2）抽样调查法。

抽样调查法是根据概率统计的随机原则，从被研究的总体中抽出一部分个体作为样本进行分析、概括，以此推断整体特征的一种非全局性的调查方法。

（3）典型调查法。

典型调查法是对市场中的典型消费进行深入调查的一种方法，例如从女性化妆品的购买状况来预测化妆品市场的发展趋势。典型调查法是市场调配中普遍采用的一种方法，较为节省人力和财力，获取资料信息也较为快捷。运用典型调查法要求被调查对象必须具有典型性，以避免选择非典型团体作为调查对象。例如调查城市居民对自行车的需求时，青年组对山地车、高档自行车的需求与老年组对自行车的需求显然不同，这就需要选择不同的典型样本，同时还应注意典型样本的未来发展可能性问题。

（4）随意调查法。

随意调查法是指调查者根据调查的目的和内容，随意选择对象进行调查研究的一种方法。但需要注意的是，这里所指的随意，仍然是服从调查目标前提下的随意，而不是毫无限制的随意。

随意调查法是调查人员和广告策划人经常采用的一种方法，其优点在于简便、快捷、调查费用较低。调查者要了解消费者对某种产品的评价状况，可以在繁华的街头或百货商场等人员较为集中的场所做不定点的调查。

（5）访谈法。

访谈法是指调查者通过询问的方式获取所需资料的一种调查方法。访谈法有四种常用方式。

① 人员走访：调查人员直接造访被调查者，从中了解情况和搜集所需资料。

② 电话采访：调查人员给被调查者打电话，通过电话询问的方式进行调查，其特点是简便、快捷。

③ 邮信查询：调查人员通过邮递问卷的方式调查被调查者。

④ 网络访谈：调查人员通过微信、QQ等社交平台进行调查。

访谈法的特点是有专一对象的人，通常能获得较为权威而又准确具体的第一手资料，使调查的内容有深度。

（6）观察实验法。

观察实验法是指注意调查现场情形的一种调查方法，通常分为观察法与试验法两种方式。

① 观察法。

观察法主要是指调查人员对被调查者的行为与特点进行现场描述的方法。如市场调查人员到购物中心观察某类产品的销售情况、推销方式和消费者情况等。观察法包括直接观察、痕迹观察、行为记录等方法。其特点是可以客观地记录事情的现状和经过，使收集的资料具有较高的准确性和可靠性。

② 试验法。

试验法主要是通过小规模的试验来了解产品及其发展前途，借此把握消费者的评价意见的方法。例如要了解消费者对某种新产品的评价，就可以选择新产品进行试验，进而进行试销调查。常用的试验法包括销售区域试验、模拟试验、购买动机试验等方法。其特点是调查结果较为客观、准确，但时间较长、成本较高，有些因素难以控制。

7. 广告市场调查的技巧

广告市场调查的技巧是指运用市场调查方法去实现调查目的时所需掌握的技能。这种技巧对获取全面、准确的调查资料有很大帮助，而且往往是实现调查目标的关键。

（1）广告市场调查问卷设计的基本条件。

广告市场调查的技巧主要表现在市场调查问卷的设计上。广告市场调查问卷的设计总体上应符合如下基本条件。

① 问题必须简明扼要，有较大的信息涵盖量。

② 问题要符合人们通常的思维逻辑，保证能获得对方答复。

③ 问题须具有典型意义，能够代表一定阶段内市场发展的基本趋向。

④ 问题应便于评议、分析和综合说明。

设计市场调查问卷是一项技术性很强的工作，除了要求具备以上条件外，还要注意概念的确定性，尽量避免一般性问题或与调查内容无关的问题出现，以避免干扰被调查者进行有效回复。

（2）调查问卷问题设计的基本技术手段。

① 两项选一法。

两项选一法又称是否法或真伪法，即问题分为两种情况，被调查者只能择其一。其优点是判断明确，结论准确。

案例：你是否喜欢喝可口可乐？

A. 喜欢（ ） B. 不喜欢（ ）

② 多项选择法。

多项选择法即调查问卷设计给出两个以上答案，被调查者可在所给答案中选择一项或多项。

案例：在购买电冰箱时，你认为电冰箱哪种指标最重要？

A. 内部容积大（ ）B. 制冷迅速（ ）C. 耗电量小（ ）D. 噪音小（ ）E. 外形美观（ ）F. 结构合理（ ）G. 其他（ ）

③ 排序法。

排序法即给出若干答案，让被调查者进行选择，并按重要程度排出先后顺序。

案例：促使你购买海尔冰箱的主要原因是什么？（选择三项，并按重要程度排序。）

A. 名牌（ ） B. 价格（ ） C. 广告（ ） D. 颜色（ ） E. 性能（ ） F. 他人推荐（ ） G. 售后服务（ ）

第一位：　第二位：　第三位：

④ 自由回答法。

自由回答法即问卷的问题不拟定答案，被调查者可以不受答案限制而自由发表意见。这种方法可缩短与被调查者间的距离，但却难以形成一般性结论。

案例：你喜欢哪种款式的夏装？你喜欢哪个品牌的化妆品？

⑤ 漏斗法。

漏斗法又称过滤法，这种方法最初提出的问题范围广泛，被调查者自由回答，然后逐步缩小范围，到最后所问的则是特殊的专门性问题。其特点是调查内容逐步概括，可以省略枝节性表面属性的问题，操作简便自然，有利于对调查问题的全局了解。

⑥ 比较法。

比较法即让被调查者对几种产品的品牌、商标、广告等按照喜欢程度进行比较选择。这种方法不仅能判断出比较项目的顺序，也可以测定出比较对象之间的评价距离。

案例：喜欢、较喜欢、一般／较不喜欢、不喜欢。

A.A 牌广告（ ） B.B 牌广告（ ） C.C 牌广告（ ）

⑦ 表格测检法。

表格测检法即让被调查者在一张印有产品相关特性的表格上注明自己的看法。

⑧ 文字联想法。

文字联想法即先列出一些词汇，让被调查者写出他脑海中涌现出的几个字或几句话，主要用于产品、企业等命名调查。

案例：下列有几个名词，请逐一阅读，阅读后分别写出你想到的字、词或句。

A. 长虹　　B. 康师傅　　C. 太阳神

三、学习任务小结

通过本次课的学习，同学们基本掌握了广告市场调查的概念，理解了市场调查对广告活动的重要性；同时，也理解了广告市场调查的内容、程序、目的、要求，以及市场调查的常用的方法和技巧，为日后能顺利开展广告活动打下了扎实的基础。

四、课后作业

举 2 个广告案例说明市场调查在广告活动中的重要性。

教学目标

(1) 专业能力：理解广告创意的定义和内涵，了解广告创意在广告活动中的重要性，了解广告创意的设计原则、特征及分类。

(2) 社会能力：运用广告创意设计出引人注意、打动人心的广告。

(3) 方法能力：掌握广告创意的设计原则和技巧。

学习目标

(1) 知识目标：掌握广告创意的定义、内涵，了解广告创意的设计原则、特征和分类。

(2) 技能目标：懂得欣赏有创意的广告，能通过设计创意广告实现广告目标。

(3) 素质目标：自主学习、严谨细致、举一反三，理论与实操相结合。

教学建议

1. 教师活动

(1) 分享国内外的创意广告，通过具体的案例分析广告活动中广告创意所起的重要作用，并讲述广告创意的设计原则、特征和分类。运用多媒体课件、教学视频等多种教学手段，加深学生对广告创意及其重要性、设计标准、原则等相关知识的认识。

(2) 知识点讲授和应用案例分析应深入浅出，通俗易懂。

2. 学生活动

(1) 认真听课、看课件、看视频；记录问题，积极思考问题，与教师良性互动。

(2) 学以致用，积极进行交流和讨论。

一、学习问题导入

"意"的解读涉及三个词汇,分别是意念、意象、意境。做创意必须先有"意念",胸有成竹,意在笔先。然后通过"意象",将鲜明有力、感人至深的艺术形象传达出来,立象以尽意。最后要形成"意境",让观众从有限的意象中得到启示,去思考、去遐想、去体会,形成博大的意境世界。这是一个完整的从构想到实现,再到产生效果的创意过程。广告创意就是指广告人在广告活动中进行的创造性思维活动。

现代广告已步入整合营销时代,广告创意已不仅只是广告整体策划中的一部分,而且是贯穿广告活动的全过程。广告创意对于广告活动整体而言具有战略意义。它从企业的营销目标和实力出发,研究广告活动整体上如何与营销目标相适应,并寻求差异化的传播理念与实施方案,以实现企业的市场营销目标。就此意义而言,广告创意在今天仍然是广告制胜的利器。

从战略、策略上理解广告创意,其含义相当宽泛,大至广告战略目标、广告主题、广告表现、广告媒介,小至广告语言、广告色彩,都可以用是否有创意来评价。广告创意已不只是唤起人注意的手段、技巧,它在广告活动整体中承载着增强消费者对产品的理解、降低企业营销传播成本、实现品牌跳跃的重要功能。同时,它凝聚社会生活的深层体验,结合文化内涵,创造生活化的艺术形式。广告创意使广告目标的实现成为可能。

如图 5-1 所示,这是一则公益广告,告诫人们吸烟对人体健康的伤害。

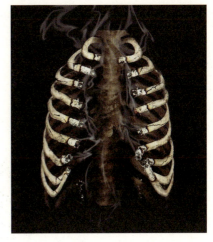

图 5-1 创意广告

二、学习任务讲解

1. 广告创意的定义和内涵

从广义上理解,广告创意包含了广告活动中创造性思维的全过程,包括广告的战略、策略、诉求以及媒体的选择等。从狭义上理解,广告界更愿意以广告作品的创意性思维来定义广告创意。简单来说,广告创意就是通过大胆新奇的手法来制造与众不同的视听效果,最大限度地吸引消费者,从而达到品牌传播与产品营销的目的。

广告定位是广告创意的前提,广告创意是广告定位的表现。广告定位要解决的是"做什么",广告创意要解决的是"怎么做",只有明确做什么,才能确定怎么做。只有广告定位确定,广告内容的表现形式和广告风格才能够确定。广告创意由两大部分组成:一是广告诉求,二是广告表现。

广告创意是广告策略的表达,其目的是创作出有效的广告,促成消费者的购买行为。广告创意是创造性的思维活动,这是创意的本质特征。广告创意必须以消费者心理为基础,这是使顾客了解产品的途径。

2. 广告创意的设计原则

广告创意的设计必须运用创新思维。创新思维是指人们在思维过程中能够不断提出新问题和想出解决问题办法的独特思维。可以说,凡是能想出新点子、创造出新事物、发现新路子的思维都属于创新思维。广告创意设计主要有以下原则。

(1)冲击性原则。

在令人眼花缭乱的广告中,要想迅速吸引人们的注意力,广告创意就必须把提升视觉冲击力放在首位。摄影照片是平面广告中常用的视觉元素,据统计,在美国、欧洲、日本等经济发达的国家地区,平面视觉广告中95%是采用摄影手段获得的。摄影照片与电脑后期合成技术相结合,将点、线、面、色彩、材质等视觉元素进行有机组合,可以制作出极具视觉冲击力的平面广告作品(图 5-2)。

（2）新奇性原则。

新奇是广告作品引人注目的奥秘所在，也是一个不可忽视的广告创意规律。有了新奇性，才能使广告作品波澜起伏，引人入胜，同时，使广告主题得到深化和升华（图5-3）。

（3）包蕴性原则。

引人注意的是形式，打动人心的是内容。独特醒目的形式必须蕴含耐人思索的深邃内容，才拥有吸引人一看再看的魅力。这就要求广告创意不能停留在表层，而要使本质通过表象显现出来，这样才能有效地挖掘读者内心深处的渴望。

图5-2 具有视觉冲击力的汽车创意广告

好的广告创意是将熟悉的事物进行巧妙组合从而达到新奇的传播效果。广告创意的确立离不开创意的选材、材料的加工和电脑的后期制作，这些环节都伴随着形象思维的推敲过程。推敲的目的是使广告作品精确、聚焦、闪光（图5-4）。

图5-3 具有新奇性的平面创意广告

图5-4 具有包蕴性的创意广告

（4）渗透性原则。

人最美好的情感就是感动，感人心者，莫过于情。观众情感的变化必定会引起态度的变化。出色的广告创意往往把以情动人作为追求的目标（图5-5）。

（5）简单性原则。

国际上流行的创意风格越来越简单、明快。一个好的广告创意往往具备清晰、简练和结构得当三个要点。简单的本质是精炼化，广告创意的简单，除了从思想上进行提炼，还可以从形式上进行提纯。简单明了绝不等于无构思的粗制滥造。平中见奇、意料之外、情理之中，往往是广告人在追求广告创意时渴求的目标（图5-6）。

图5-5 以情动人的公益海报

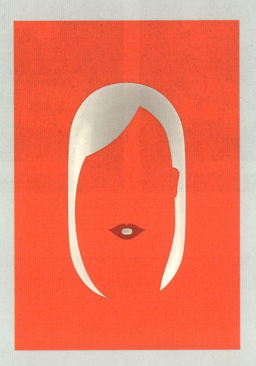 

图5-6 具有简单性原则的平面广告

3. 广告创意的特征

（1）以广告主题为核心。

广告主题是广告定位的重要构成部分，即"广告什么"。广告主题是广告策划活动的中心，每一阶段的广告工作都要紧密围绕广告主题展开，不能随意偏离或转移广告主题。

（2）以广告目标对象为基准。

广告目标对象是指广告诉求对象，是广告活动的目标受众，这是广告定位中"向谁广告"的问题。广告创意除了以广告主题为核心之外，还必须以广告目标对象为基准。广告创意要针对广告对象进行设计，并以广告目标对象进行广告主题表现，否则难以收到良好的广告效果。

（3）以新颖独特为生命。

广告创意的新颖独特是指广告创意不要简单模仿其他广告创意，给人雷同与平庸之感。唯有新颖独特的创意才会在众多的广告中脱颖而出，产生感召力和影响力。

（4）以情趣生动为手段。

广告创意要想将消费者带入一个印象深刻、浮想联翩、妙趣横生、难以忘怀的境界中，就要采用情趣生动的表现手段，立足现实，反映现实，以引发消费者共鸣。但是广告创意的艺术处理必须严格限制在不损害真实性的范围之内。

（5）以形象化呈现。

广告创意要基于事实，集中提炼出主题思想与广告语，并且从表象、意念和联想中获取创造的素材，将形象化的妙语、诗歌、音乐和富有感染力的图画、摄影融会贯通，构成一幅完善的广告作品。

（6）原创性、相关性和震撼性的综合体。

原创性是指创意的不可替代性。相关性是指广告产品与广告创意的内在联系既在意料之外，又在情理之中。震撼性是指广告作品能够带给人心灵和内心世界的震撼和感动，具有深刻感染力（图5-7）。

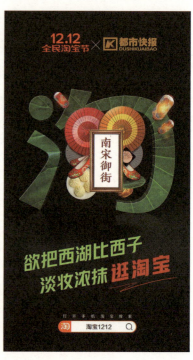

图 5-7 极具广告创意特征的淘宝广告

4. 广告创意的分类

广告创意可以分为抽象创意和形象创意两种形式。抽象创意是指通过抽象概念和元素的创造性重组来表现广告内容的创意方法。形象创意是指通过具体形象的夸张、变形、同构等来表现广告内容的创意方法。这种类型的广告创意是以具体形象来反映广告主题，从而直观地吸引公众。

广告创意还可以分为以下几类。

（1）商品情报型。

这是最常用的广告创意类型。它以呈现广告商品的客观情况为核心，表现商品的现实性和真实性本质，以达到突出商品优势的目的。

（2）比较型。

这种类型的广告创意是以直接的方式，将自己的品牌产品与同类产品进行优劣的比较，从而引起消费者注意和选购。在进行比较时，比较的内容最好是消费者关心的，而且要在相同的基础或条件下进行比较，这样才更容易使消费者产生认同感。

（3）戏剧型。

这种广告创意类型既可以通过戏剧表演形式来推出广告产品，也可以在广告表现上进行戏剧化和情节化。在采用戏剧型广告创意时，一定要注意把握戏剧化程度，否则容易使人记住广告创意中的戏剧情节而忽略广告主题。

（4）故事型。

这种类型的广告创意借助生活、传说、神话等故事内容展开，在其中贯穿有关品牌产品的特征或信息，以加深受众的印象。由于故事本身就具有自我说明的特性，易让受众了解，使受众与广告内容发生关系。在采用这种类型的广告创意时，对于人物选择、事件起始、情节都要做全面的统筹，以使广告在短暂的时间里和特定的故事中，有效宣传广告主题。例如，南方黑芝麻糊广告选取了典型的南方麻石小巷，母亲俩挑着竹担，带着女儿，悬在竹担前的桔灯轻轻摇晃。随着一声亲切而悠长的"黑芝麻糊喂"的吆喝，一个身着棉布衫的少年从深宅大院中推门出来，不停地搓手、呵气，眼中充满渴望，慈祥的大婶将一勺浓稠的芝麻糊舀入碗里。男孩搓手，咬唇，一副迫不及待的馋猫样儿。大婶递过香浓的芝麻糊，男孩大口大口地飞快吃光，小心地舔着碗底，意犹未尽，引得一旁碾芝麻的小女孩发笑。大婶怜爱他多给了男孩一勺，替他抹去嘴角的芝麻糊。此时画外音传来男声旁白"一股浓香，一缕温暖，南方黑芝麻糊"（图5-8）。

图5-8 南方黑芝麻糊广告

（5）证言型。

这种类型的广告创意援引有关专家、学者或名人、权威人士的证言来证明广告商品的特点、功能等，以此来产生权威效应。心理学家肖·阿·纳奇拉什维里在其著作《宣传心理学》中说过："人们一般信以为真地、毫无批判地接受来自权威的信息。"这揭示了一个事实，即在其他条件相同的状况下，权威效应更具影响力，往往成为第一位的作用。

（6）拟人型。

这种类型的广告创意以一种拟人化的形象表现广告商品，使其带有某些人格化特征，即以人物的某些特征来形象地说明商品。采用这种广告创意可以使商品生动、具体，给受众以深刻的印象，同时可以用浅显常见的事物说明深奥的道理，帮助受众深入理解。

（7）类推型。

这种类型的广告创意是以一种事物来类推另一种事物，以显示广告产品的特点。采用这种创意必须使信息具有相应的类推性。如一个汽车产品的广告，用类推的方法宣传为："正如维生素营养你的身体，我们的产品可营养你的汽车引擎。"

（8）比喻型。

比喻型广告创意是指采用比喻的手法，对广告产品和服务的特征进行描绘或渲染，或用浅显常见的道理对深奥的事理加以说明，以帮助受众深入理解，使事物生动具体，给人以鲜明、深刻的印象。比喻型的广告创意又分明喻、暗喻、借喻三种形式。例如皇家牌威士忌广告采用明喻，在广告中宣传："纯净、柔顺，好似天鹅绒一般。"塞尼伯里特化妆品公司粉饼广告采用暗喻，宣传自己的粉饼为："轻轻打开盒盖，里面飞出的是美貌。"德芙巧克力广告采用借喻，广告语为"牛奶香浓、丝般感受"。

（9）夸张型。

夸张是指为了表达上的需要，故意言过其实，对客观的人、事物尽量做夸大的描述。夸张型广告创意是基于客观真实的基础，对商品或服务的特征加以合理的渲染，以达到突出商品本质与特征的目的。夸张型的手法不仅可以吸引受众的注意，还可以取得较好的艺术效果（图5-9）。

（10）幽默型。

幽默是指借助多种修辞手法，运用机智、风趣、精练的语言所进行的一种艺术表达。幽默型广告创意要注意使用健康的、愉悦的、机智的和含蓄的语言，切忌使用粗俗的和尖酸的语言。广告主题要以高雅、健康的格调来表现，而不是一般的俏皮话。

（11）悬念型。

悬念型广告是以悬疑的手法或猜谜的方式调动和刺激受众的心理活动，使其产生疑惑、紧张、渴望、揣测、担忧、期待、欢乐等一系列心理感受，并持续和延伸，以达到寻根究底和释疑的效果。

（12）意象型。

意象即意中之象，它是指对待或处理某事物时表现出来的欲望、愿望和希望的行为反应倾向。图5-10是汰渍洗衣粉的一则意象型广告，广告中的斑马具有引人瞩目的斑纹，但是斑马身上一部分却没有斑纹，表现了汰渍洗衣粉超强的洁净能力。广告通过汰渍洗衣粉洗去斑马纹的意象，塑造了汰渍洗衣粉具有超强洁净能力的品牌形象。

图 5-9　夸张型创意广告　　　　　　　　　图 5-10　汰渍洗衣粉意象型创意广告

三、学习任务小结

广告创意是一种创造性思维活动，是将广告赋予精神和生命力的环节。广告创意有助于告知广告信息、说服消费者和塑造品牌形象，对于广告活动整体来说具有重要的战略意义。广告创意的探索空间是无穷尽的，有待广告人不断去发掘和创造。

四、课后作业

（1）以小组为单位收集5个不同类型的创意广告，并制作成PPT和全班同学分享。

（2）针对水资源浪费的问题，设计一个创意型海报。

学习任务三 广告文案

教学目标

(1) 专业能力：了解广告文案基本概念、写作要求和构成要素。

(2) 社会能力：通过教师讲授、师生问答、小组讨论，开阔学生视野，激发学生的学习兴趣和求知欲。

(3) 方法能力：具备资料收集、整理和归纳能力，案例分析能力，文案写作能力。

学习目标

(1) 知识目标：理解广告文案的构成要素。

(2) 技能目标：能够熟悉广告标题、广告正文、广告口号的写作原则。

(3) 素质目标：自主学习、举一反三，理论与实操相结合。

教学建议

1. 教师活动

(1) 前期收集各种广告文案案例，并运用多媒体课件、教学视频等多种教学手段，加深学生对广告的直观认识。

(2) 知识点讲授和应用案例分析应深入浅出，通俗易懂。

(3) 引导学生回答问题，与学生互动分析知识点，引导学生进行小组讨论。

2. 学生活动

(1) 认真听课、看课件、看视频；记录问题，积极思考问题，与教师良性互动，解决问题；总结、做笔记、写步骤、举一反三。

(2) 细致观察、学以致用，积极进行小组间的交流和讨论。

一、学习问题导入

广告文案是以文字的方式表现广告内容的广告形式。广告文案有广义和狭义之分，广义的广告文案是指通过广告语言、形象和其他因素，对既定的广告主题、广告创意进行具体表现。狭义的广告文案则指表现广告信息的言语与文字构成。广义的广告文案包括标题、正文、口号、随文的撰写和对广告形象的选择搭配。狭义的广告文案包括标题、正文、口号、随文的撰写。

二、学习任务讲解

1. 广告文案的要求

① 准确规范、点明主题。

准确规范、点明主题是广告文案最基本的要求。要实现对广告主题和广告创意的有效表现和对广告信息的有效传播，首先要求广告文案中语言表达规范完整，避免语法错误或表达残缺。其次，广告文案中所使用的语言要准确无误，避免产生歧义或误解。再次，广告文案中的语言要符合语言表达习惯，不可生搬硬套，不可自创新词。最后，广告文案中的语言要尽量通俗化、大众化，避免使用生僻词以及过于专业化的词语。

② 简明精炼、言简意赅。

广告文案的语言文字要简明扼要、精炼概括。首先，要以尽可能少的语言和文字表达广告产品的精髓，实现有效的广告信息传播。其次，简明精炼的广告文案有助于吸引广告受众的注意力，使之迅速记住广告内容。最后，要尽量使用简短的句子，以防止受众因繁长的语句反感广告内容。

③ 生动形象、表明创意。

广告文案生动形象能够吸引受众的注意，激发他们的兴趣。国外研究资料表明：文字、图像能引起人们注意力的百分比分别是 22% 和 78%；能够唤起记忆的文字是 65%，能够唤起记忆的图像是 35%。这就要求在进行广告文案写作时采用生动活泼、新颖独特的语言，同时最好附一定的图像来配合。

④ 动听流畅、上口易记。

广告文案是广告的整体构思，对于诉之于听觉的广告语言，要注意语言优美、流畅和动听，使其易识别、易记忆和易传播，从而突出广告定位，很好地表现广告主题和广告创意，达到良好的广告效果。同时，也要避免过分追求语言音韵美而忽视广告主题，生搬硬套，牵强附会。

2. 广告文案的构成

广告文案由广告标题、广告正文、广告口号以及广告随文构成。

（1）广告标题。

标题是广告文案重要的组成部分。大卫·奥格威的研究表明，"读标题的人平均为读正文的人的 5 倍。标题代表着为一则广告所花费用的 80%"，"若是你没有在标题里写点什么有推销力的东西，你就浪费了你客户所花费用的 80%，在我们的行业中最大的错误莫过于推出一则没有标题的广告"。

在历史上，系统地阐述广告标题写作原则的人是大卫·奥格威。他每次为广告写的标题不下 16 个，以从中确定最好的。他的标题写作原则具体包括以下几个方面。

① 标题好比商品价码标签，要用标题向消费者打招呼，并以此抓住消费者的注意力。

② 每个标题都应体现产品带给潜在消费者利益的承诺。

③ 始终注意在标题中加入新的信息。

④ 在广告标题中使用其他会产生良好效果的字眼。

⑤ 读广告标题的人是读广告正文的5倍。

⑥ 在标题中加入你的销售承诺，销售承诺是指消费者将购得的产品上的承诺，即产品的优点。

⑦ 在标题结尾前加上诱人的、让人继续读下去的内容。

⑧ 不要写一些故意卖弄的标题，如双关语、引经据典或者其他晦涩的词句。

⑨ 在标题中避免用否定词。

⑩ 避免使用有字无实的标题，就是那种读者不读后面正文就不明其意的标题。

在广告文案中，常见的广告标题主要有以下几种形式。

① 新闻性标题。这种广告标题类似于新闻稿件，以告知公众时效性信息为主要内容。

② 诉求性标题。这种标题直截了当地指出商品的特点和能给消费者带来的利益。如麦当劳的咖啡广告，明确告知消费者"拼配升级，浓香带感"（图5-11）。

③ 悬念式标题。在标题中设置悬念，容易引起人们的注意，并使其产生兴趣。

④ 设问式标题。这是一种提问式的标题。

⑤ 幽默式标题。通过幽默的语言与受众的幽默感产生共鸣，激发受众的兴趣。如某止痒丸的广告标题"忍无可忍"，某打字机的广告标题"不打不相识"。

⑥ 抒情式标题。在广告标题选用上突出情感交流沟通，以对受众产生较大的影响。

具体的广告文案标题种类还有很多，如建议式标题、炫耀式标题、标语式标题、号召鼓动式标题以及第一人称式标题等。不管采用哪种标题，只要是能够巧妙引入正文或对广告正文进行高度概括，帮助受众理解广告内容，就属于成功的广告标题。

图5-11 麦当劳咖啡广告

（2）广告正文。

广告正文是广告文案的主要内容，在写作时有以下几点要求。

① 陈述清楚具体内容。

广告正文须清晰地表明广告的诉求对象和诉求内容，向受众提供完整而具体的广告信息。大卫·奥格威称为"不要旁敲侧击，要直截了当"。一般情况下，广告正文的长短与推销力量成正比关系，长文广告总是比短文广告更具推销力量。

② 采用通俗易懂的语言。

在广告正文中一般较少使用过于严肃、庄重的语言。

③ 要以有效的证据和可信的证言支持广告文案。

在广告文案的正文中，出现确切的资料、数据十分必要，也十分有用。如果情况允许的话，出现消费者的现身说法或名人、权威人士的证言支持，往往会产生良好的效果。

在广告正文的写作上必须着眼于两个最基本的方面。一是广告商品的内容、名称、规格、性能、价格、质量、特点、功效和销售地址等应符合客观事实，提高说服力。二是掌握和洞悉消费者心理需求，了解市场态势，以重点突出、简明易懂、生动有趣、富有号召力的语言进行传播。

广告正文的常见形式有以下几种。

① 直销型。这种类型又叫解释型正文，是由克劳德·霍普金斯在20世纪初首创并推广的。大卫·奥格威在他的广告生涯中始终忠实地采用直销型广告正文，在广告正文中尽可能多地告知受众广告主题和广告商品信息。如他为劳斯莱斯汽车所写的文案即为典型直销型广告正文。标题是"当这辆新型的劳斯莱斯以时速60英里行驶时，最大噪音发自车内的电子钟"，次标题是"什么原因使得劳斯莱斯成为世界上最好的车子"。一位知名的劳斯莱斯工程师说："说白了，根本没有什么真正的戏法，这只不过是耐心地注意到细节。"

② 故事型。在广告正文中通过故事情节的发展来吸引消费者。有的采用对话的形式讲述一个故事，有的采用连环画的形式描述一个故事。在广告文案构思中，以故事型来完成广告正文，能够用故事情节来揭示广告主题，传播广告产品的属性、功能和价值等信息，能够创造出一种轻松的信息传播氛围。此类广告的吸引力和记忆性较强。

③ 抒情型。广告正文采用散文、诗歌等形式来完成。这种形式凝练精美，能够表现出真情实感，给人耳目一新的感受。1935年，李奥·贝纳为罐头公司的"绿色巨人"牌豌豆设计文案时，为了表现豌豆的新鲜和饱满，制作了一幅连夜收割、包装豌豆的画面，并且在画上设计了一个捧着一颗大豆的巨人形象。本来标题可以简单地拟作"即时的包装"或"新鲜罐装豌豆"等，但是贝纳却别出心裁地选用了一种浪漫的、富有诗情画意的语言表达方式，以"月光下的收成"为标题，将人们带进优美的意境和氛围。

④ 功效型。这种类型实际上是直销型的分支，它强调的是广告产品能够给消费者带来的功效。

⑤ 断言型。在广告正文中，直接阐述自己的观念和希望，以此来影响受众的心理。这种类型的广告正文一般都采用断言型的语句。

⑥ 幽默型。在广告正文中借用幽默的方式和俏皮的语言完整地表达广告主题，使受众在轻松活泼的氛围中接受了广告信息。图5-12的水果广告就运用了幽默的表达方式。

⑦ 证言型。在广告正文中提供权威人士或者著名人士对商品的鉴定、赞扬、使用和见证等，以达到对消费者的告知、诱导和说服效果。证言型广告正文中常用的手法有专家学者、权威人士和社会名流的证明，权威性专业机构与专业报刊的评价，试验者和消费者的调查与推荐。如神州行选用了在老百姓中颇具口碑的演员葛优作为代言人，并使用了"神州行，我看行！"这样具有赞扬意味的广告语，取得了非常不错的广告效果。

图5-12 幽默的水果广告

（3）广告口号。

广告口号又叫广告标语或广告警句。广告口号一般是由几个词组成一句能够渲染主题的话。广告口号有助于促进商品、服务、企业形象信息的广泛传播。广告口号的特征与功能主要有以下几点。

① 广告口号的特征。

广告口号作为一种标语或警示的语句一般具有以下特征。

其一，警示性。它是以精炼简洁的语言对社会公众进行强调性提醒，一般具有比较深刻的寓意，或体现本质性内涵。

其二，概括强调性。广告口号作为一种特殊的口号，它是对广告文案的结论概括和对文案中某些主要方面的重点提示，往往是对广告诉求内容的结论性陈述。如西安杨森制药公司达克宁的广告口号"杀菌治脚气，请用达克宁"。

其三，简练性。广告口号要简单明了，不要拗口和烦琐，多用公众读起来上口、记起来容易的短句子，尤其在口号构思上既要体现广告主题，又能够朗朗上口。如可口可乐在每个时期的广告口号都采用简短句，基本上不用长句子，从而使可口可乐的广告语有很高的接受度。

其四，重复使用性。广告口号必须要在一定历史时期里长期使用，在某一企业或某一品牌的系列产品广告文案中，比较持久地重复使用特定的广告口号，消费者才能熟悉产品。广告口号比广告标题、广告正文要具有更强的稳定性，所以广告口号的使用时间较长。

② 广告口号的功能。

广告口号作为广告文案的一部分，具有其他部分不能取代的独特功能。

其一，广告口号能够深化广告主题、浓缩广告文案。广告口号在广告中起到画龙点睛的作用。

其二，广告口号有助于塑造产品形象和企业形象。

其三，广告口号能够推动企业文化的发展。企业既在创造产品，又在创造一种文化资产。广告不仅在传播文化，而且又在创造文化，为企业创造一种无形资产。

③ 广告口号的分类。

按照广告口号诉求的内容和心理效应，广告口号可以分为以下类型。

a. 颂扬式。这种广告口号强调商品的好处，突出其优点。例如雀巢咖啡的广告口号"味道好极了"。

b. 号召式。这种广告口号以富有感召力的鼓动性词句，直接动员消费者发生购买行为。如可口可乐的广告口号"请喝可口可乐"，三菱汽车的广告口号"有朋自远方来，喜乘三菱牌"。

c. 标题式。这种广告口号与广告标题融为一体，既起到广告标题的作用，也起到广告口号的作用。

d. 情感式。这种广告口号以富于抒情韵味的词句构成，能够更好地激发人的联想，使人产生认同感。例如南方黑芝麻糊的广告口号"一股浓香，一缕温馨"。

e. 幽默式。这种广告口号借用幽默的手法表现广告主题。

f. 品牌式。这种广告口号与广告品牌相结合，即在广告口号中加入企业名称或产品品牌，从而树立企业形象或品牌形象。这种广告口号形式目前比较普遍，一些大中型企业尤为重视。如"农夫山泉有点甜"（图5-13）、"维维豆奶，欢乐开怀"等。

图5-13 农夫山泉运用多年的广告口号

④ 广告口号的误区。

广告口号的误区如下。

a. 广告口号与广告诉求相脱节。

广告口号与广告诉求没有达到一种真正的联结，两者难以产生共鸣，有的甚至文不对题。某些广告口号的气势超越了广告产品本身，例如某冰糕的广告口号竟然是"争创世界一流"；某自学考试培训学院的广告口号竟然是"被誉为中国的哈佛"。

b. 广告口号与规范语言相冲突。

在广告口号上，谐音广告在广告界十分流行，如某服装的广告口号"衣衣不舍"，某服装店的广告口号"衣帽取人"，某烧鸡店的广告口号"鸡不可失"……在广告传播中滥用谐音"肢解"成语，已经造成了不良的影响，广告口号应考虑社会影响，使用规范的语言文字。

三、学习任务小结

通过本次课的学习，同学们已经初步了解了广告文案的基本概念、写作要求和构成要素，对广告文案有了全面、深入的认识。在广告设计与制作中，广告文案无处不在，优秀的广告文案可以为广告增光添彩。课后，同学们要收集更多优秀的广告文案，并归纳和总结出其中的写作规律和技巧。

四、课后作业

为某洗发水品牌撰写100字的广告文案。

学习任务四 广告策划

教学目标

（1）专业能力：了解广告策划的概念、形式、内容和撰写注意事项。

（2）社会能力：通过教师讲授、师生问答，开阔学生视野，激发学生的学习兴趣和求知欲。

（3）方法能力：具有资料收集、整理和归纳能力，案例分析能力，广告策划书写作能力。

学习目标

（1）知识目标：理解广告策划的概念、形式、内容。

（2）技能目标：能够撰写简单的广告策划书。

（3）素质目标：自主学习、举一反三，理论与实操相结合。

教学建议

1. 教师活动

（1）前期收集各类广告策划书资料，并运用多媒体课件、教学视频等多种教学手段，让学生对广告策划有直观认识。

（2）知识点讲授和应用案例分析应深入浅出，通俗易懂。

（3）引导学生回答问题，与学生互动分析知识点，引导学生进行小组讨论。

2. 学生活动

（1）认真听课、看课件、看视频；记录问题，积极思考问题，与教师良性互动，解决问题；总结、做笔记、写步骤、举一反三。

（2）细致观察、学以致用，积极进行小组间的交流和讨论。

一、学习问题导入

我国引入广告策划的概念大约是在 20 世纪 80 年代。当时有部分学者撰文呼吁，要把现代广告策划引入中国的广告实践中，树立"以调查为先导，以策划为基础，以创意为灵魂"的现代广告运作观念。1989 年 4 月，上海的唐仁承出版了国内第一本《广告策划》专著。其后，北京的杨荣刚也出版了《现代广告策划》一书。关于广告策划的概念，两位作者均有明确的界定。广告策划是对广告的整体战略与策略的运筹规划，是对提出广告决策、实施广告决策、检验广告决策全过程进行预先考虑与设想。广告策划不是具体的广告业务，而是广告决策的形成过程。

二、学习任务讲解

1. 广告策划书的形式

广告策划书有两种形式：表格式和以书面语言叙述的广告策划书。表格式的广告策划书列有广告主的销售量或销售金额、广告目标、广告诉求重点、广告时限、广告诉求对象、广告地区、广告内容、广告表现战略、广告媒体战略以及其他促销策略等栏目。其中广告目标一栏又分为知名度、理解度、喜爱度、购买意愿度等小栏目。这种形式一般不把具体销售量或销售额作为广告目标，因为销售量或销售额只是广告结果测定的一个参考数值，还会受商品的包装、价格、质量、服务等因素的影响。以书面语言叙述的广告策划书运用较广。这种把广告策划意见撰写成书面形式的广告计划，又称广告计划书。

2. 广告策划书的内容

一份完整的广告策划书主要包括如下内容。

（1）前言。

前言也称"前记""序""叙""绪""引"，是写在书籍或文章前面的文字。文章中的前言多用以说明文章主旨或撰文目的。广告策划书的前言部分应简明概要地说明广告活动的时限、任务和目标，必要时还应说明广告主的营销战略，这是全部计划的纲要。它的目的是把广告策划的要点提出来，让企业高层的决策者或执行人员快速阅读和了解。前言部分的内容不宜太长，几百字即可。

（2）市场分析。

市场分析包括企业经营情况分析、产品分析、市场分析和消费者研究。撰写时应根据产品分析的结果，说明广告产品的特点和优点。再根据市场分析的情况，把广告产品与市场中各种同类商品进行比较，并指出消费者的爱好和偏向。同时，也可以提出广告产品的开发或改进建议。有的广告策划书称这部分内容为情况分析，简短地叙述广告主及广告产品的历史，对产品、消费者和竞争者进行评估。

（3）广告对象或广告诉求。

广告对象或广告诉求部分主要根据产品定位和市场研究来测算出广告对象有多少人、多少户。根据人口研究结果，列出有关人口的分析数据，概述潜在消费者的需求特征和心理特征、生活方式和消费方式等。

（4）广告地区或诉求地区。

广告地区或诉求地区部分应确定目标市场，并说明选择此特定分布地区的理由。

（5）广告策略。

广告策略部分要详细说明广告实施的具体细节，应把所涉及的媒体计划清晰、完整而又简短地设计出来，详细程度可根据媒体计划的复杂性而定，也可以另行制定媒体策划书。同时，应清楚地叙述所使用的媒体、使用该媒体的目的、媒体策略、媒体计划。如果选用多种媒体，则需对各类媒体的刊播及交叉配合情况加以说明。

（6）广告预算及分配。

广告预算及分配部分要根据广告策略的内容，详细列出媒体选用情况及所需费用、每次刊播的价格，最好能制成表格，列出调研、设计、制作等费用。也可以将这部分内容制作成广告预算书进行专门介绍。

（7）广告效果预测。

广告效果预测部分主要说明经广告主认可，按照广告计划实施广告活动预计可达到的目标，这一目标应该和前言部分规定的目标任务相一致。

3. 广告策划书写作注意事项

撰写广告策划书时，上述七个部分内容可以有增减、合并或分列。如可以增加公关计划（公关策划）、广告建议等部分，也可将最后广告效果预测部分改为结束语或结论，根据具体情况而定。广告策划书一般要求简短，避免冗长，尽量避免重复相同的概念，要对内容进行分类，力求简练、易懂。撰写广告策划书时不要使用太多代名词，广告策划的决策者和执行者不在意观念和建议是谁的，他们需要的是事实。广告策划书在每一部分的开始最好有一个简短的摘要，在每一部分中要说明所使用资料的来源，使策划书增加可信度。一般说来，广告策划书不要超过两万字，如果篇幅过长，可将图表及有关说明材料作为附录。

三、学习任务小结

通过本次课的学习，同学们已经初步了解了广告策划的基本概念、形式、内容和撰写注意事项，以及在广告活动中的使用方式，对广告策划有了全面的认识。课后，同学们要通过学习和社会实践进一步了解广告策划书是如何撰写的，广告策划又是如何实施的。

四、课后作业

为某个酒类品牌撰写一份广告策划书，要求 5000 字以内，内容简明、扼要。

学习任务五 广告媒介

教学目标

（1）专业能力：了解广告媒介的概念、类型和发展趋势。

（2）社会能力：能为具体品牌制定合理的广告投放媒介组合方案。

（3）方法能力：具备语言表达能力、逻辑思维能力、分析应变能力、文案信息排版能力。

学习目标

（1）知识目标：了解广告媒介的概念和类型。

（2）技能目标：能选择合适的媒介进行广告投放。

（3）素质目标：能对广告案例的媒介选择进行分析。

教学建议

1. 教师活动

（1）课前搜集与本次课内容相关的广告案例，通过对案例进行分析，并运用多媒体课件、教学视频及表格数据，加深学生对不同媒介的传播效果的理解。

（2）通过设疑、情境扮演，或以小游戏的方式与学生进行互动，引导学生多思考。

2. 学生活动

（1）认真观看多媒体课件及教学视频，分析案例，记录遇到的问题。

（2）通过收集资料、与教师互动、与同学们讨论的方式，解决问题。

一、学习问题导入

广告的传播与推广离不开媒介，媒介技术的进步不断促使广告形态发生变化。媒介的更新和发展与媒介技术的进步相匹配，也与时代的经济状况、政治状况和社会文化面貌相适应。当一种新的媒介产生后，广告总是能敏锐地发现商机，并把这种媒介变为广告信息渠道。因此，要考察现代广告，必须了解现代社会的媒介状况。

二、学习任务讲解

1. 媒介的基本概念

媒介是传播学的核心概念之一，"媒介"一词在不同场合有不同的含义。例如我们有时说语言、文字是传播媒介，有时说电话、电脑、报纸、书籍、电视等是传播媒介，有时说表情、服装、舞蹈、汽车等是传播媒介，有时说报社、出版社、电台、电视台是传播媒介。媒介似乎与载体、中介物、信道、渠道、符号、传媒机构等概念都可以画等号，媒介内涵和外延非常广泛。

媒介的含义可以从三个角度进行理解。从广义的角度讲，媒介是指一切可以承载信息的载体。麦克卢汉是广义媒介论的代表，在其代表作《理解媒介》中，他列举了26种媒介，包括口语词、书面词、道路、数字、包装、住宅、货币、时钟、印刷品、滑稽漫画、印刷词、轮子自行车和飞机、照片、报纸、汽车、广告、游戏、电报、打字机、电话、留声机、电影、广播电台、电视、武器、自动化。可见，在麦克卢汉的眼中，一切人造物和一切技术都是媒介。从狭义的角度讲，媒介专指报纸、杂志、广播、电视、电影、书籍等大众媒介。大众媒介是机械媒介，目的是向人数众多、成分复杂的受众传递信息，大众传播必须借助大众媒介。从日常角度讲，媒介与媒体同义，指从事信息采集、加工制作和传播的社会组织，即传媒机构，常把从事新闻传播的传媒机构如报社、杂志社、电视台、广播电台称为媒介。

2. 媒介与广告的关系

（1）任何广告都必须以媒介为依托。

广告是一种信息传播活动，所有的信息传播都需要以媒介为信息载体。因此，广告都以媒介为载体来传送信息。

中国在春秋战国时期就出现了酒旗、叫卖、音响、实物标志等广告形式，唐朝的灯笼和酒旗、宋代的印刷传单、明代的招幌和招牌、清代的"老字号"等都是广告传播的媒介。从中国古代的广告形式看，基本上是以声音、文字和图画符号为媒介，以青铜器、石器、陶器、玉器、纸张、竹简、布帛、金属、木板为载体，传递有关商品、服务、劳务的信息。

15世纪中叶，德国的古登堡发明铅活字印刷术，近代印刷媒介兴起，特别是报纸和杂志发展为大众传播媒介。1844年，美国人塞缪尔·摩尔斯发出世界上第一封有线电报："上帝，你究竟创造了什么？" 这标志着电子时代的来临。电话、留声机、摄影机、无线电报、广播、电视等媒介大大加快了信息传播的速度，扩大了信息传播的覆盖范围。20世纪50年代后，广播、电视先后进入千家万户，大众媒介广告进入了黄金时期。20世纪90年代，以网络为代表的新媒介崛起，新的广告形式得到迅猛发展。从广告发展历史来看，任何广告形式的出现都是以媒介为基础的。媒介首先作为信息传播手段而存在，随后成为广告信息传播工具。

（2）媒介技术对广告生存形态产生影响。

媒介技术是指人作用于媒介的手段，是人类信息传播所运用的手段和方法。媒介技术是不断进化的，从古至今媒介技术经历了三次革命，即印刷技术、电子技术和数字技术。媒介技术对广告生存形态有着决定性的影响。媒介技术直接催生新的媒介形态，而新的媒介形态能够转化为新的广告形态。例如印刷技术直接催生了报纸和杂志两大媒介，而报纸和杂志很快成为广告信息强有力的载体。

（3）广告彰显了媒介的社会价值。

媒介作为信息传播的中介对社会的发展具有重要意义。广告是信息传播的一种形式，它主要向公众告知有关产品、服务的信息，广告必须以媒介为信息载体。

首先，广告彰显了媒介的存在价值。例如中国古代的雕版印刷术主要应用于书籍印刷，北宋时期的济南刘家功夫针铺铜版的发现，证明那时已经出现了印刷商业广告，而印刷广告的存在又反过来证明了印刷媒介的价值不仅是文化传播的工具，也可作为商业经济的营销工具。印刷媒介的社会价值得到更大的肯定。其次，广告刺激了媒介发展。报纸诞生之初，新闻与广告混编，报纸版面有限。由于广告市场不断扩大，报纸版面不断增加，新闻内容与广告内容分离。报纸以低定价策略刺激了发行量的增长，发行量的增长拉动了广告主的广告投入，而报社用广告收入弥补报纸发行的亏空，从而形成良性循环，报纸产业由此壮大。可以说，如果缺少广告，大众媒介不可能发展得如此迅速。最后，广告丰富了媒介内容，广告成为报纸、杂志、广播、电视等大众传播媒介内容的重要板块，有了广告，大众媒介变得更加丰富。

3. 现代广告媒介的类型

现代广告媒介根据媒介技术可划分为传统媒介和新媒介。

（1）传统媒介。

传统媒介是指时间久远、技术较为传统的媒介。传统媒介可以分成以下几类。

① 报纸。报纸迄今已有400余年的历史。报纸按发行周期可分为日报和周报；按发行覆盖范围可分为全国性报纸和地域性报纸；按内容可分为综合性报纸和行业性报纸。报纸媒介的发行周期比较短，内容以时事新闻为主，涉及面广，读者层次分散，地域性较强。报纸以文字、图片为编码符号，可以被反复阅读和收藏。

② 杂志。杂志在发行周期上比报纸长，一般分为半月刊、月刊、双月刊和季刊。杂志内容相对集中于某个专业领域，如时政、娱乐、休闲、体育、文学、音乐、影视、财经、保健等。杂志媒介的读者群同质化程度高，发行范围广，适合全国性市场的产品刊登广告。另外，与报纸相比，杂志的纸张和印刷效果更好，更适合追求色彩和质感的产品刊登广告。

③ 广播。广播诞生于20世纪初，采用无线电技术，由广播电台发射电子信号，被家庭里的收音机或车载收音机接收。广播按照传送信号频率可以分为调幅和调频两大类。广播节目一般包括新闻、音乐、交通信息、气象信息、直播比赛等。广播媒介诉诸听觉器官，运用语言、音乐、音响等符号来传达信息，故接收者无文化程度要求；信息接收轻松方便，居家生活、行车途中皆可收听；广告制作简单快捷，时效性强。

④ 电视。电视节目一般包括新闻、电视剧、电影、体育比赛等。电视媒介同时诉诸视觉和听觉器官，声形色兼备，形象直观，感染力强；普及率高，影响力大；覆盖面广，对接收者无文化程度要求，受众卷入程度较高；广告制作简单快捷，时效性强。

⑤ 户外媒介。户外媒介主要包括两类，即户外广告和交通工具广告。户外广告包括路牌、招贴、广告牌、灯箱、霓虹灯、电子屏等；交通工具广告包括公交车、地铁、出租车等交通工具上的广告，如车身、车头、车尾、车窗上的广告。户外媒介的特点包括：受众一般在无意中接收信息，信息闯入度高；地域性强，尤其适合打算开拓当地市场的品牌；主要采用图片和文字传达信息，保存时间长，可以被反复阅读（图5-14~图5-16）。

⑥ 直邮媒介。邮寄是远距离传递信息的一种媒介传播方式。企业通过邮局直接将广告寄给自己的潜在顾客，这种广告称为直邮广告（图5-17）。直邮一般包括销售推广册、价格表、优惠券、说明书、样品、明信片等。直邮媒介的特点包括：一对一传递信息，到达率较高；直接到达目标顾客手中，不受其他竞争广告的干扰。

（2）新媒介。

新媒介是指新近出现的运用了新技术的媒介，包括网络、手机和数字电视等。

① 网络。网络诞生于20世纪60年代末，普及于90年代。互联网运用数字技术，将文字、图片、影像、声音等信息都转化为0和1两个代码，具有海量储存、海量信息发布、多媒体传输及交互性强等特点。如今，互联网不断衍生出新的广告形式，如网络视频、搜索引擎、播客、博客、网络游戏、网站等。

② 手机。手机是可移动电话，诞生于1983年。如今，手机的功能不断增强，有接听电话、短信、彩信、彩铃、摄影、录音、游戏、播放影片等功能。随着数字通信技术的不断发展，手机可实现宽带上网、视频通话、无线搜索、手机阅报、手机看电视等功能，还可以进行手机网游和手机购物。手机媒介的特点包括：一对一传播，到达率高；人际传播，便于建立关系；可移动媒体，随身携带；使用文字、图片、声音、影像等多种符号，普及率高。

（3）数字电视。

数字电视是指从节目制作、节目传输到接收终端全部采用数字技术的电视。用数字电视取代模拟电视是大势所趋。如今，数字电视已经开发出电视会议、电视购物、电视游戏、视频点播、节目储存、互联网浏览、视频通信、音频广播等项目，数字电视逐渐成为家庭信息平台。

4. 广告传播媒介的选择

由于广告媒介形态的碎片化，并且新广告媒介不断被开发，大众传播媒介不再是广告刊播的唯一选择。在复杂的媒介环境中，广告传播效果要实现最大化，必须对媒介进行选择和组合。

（1）媒介选择。

广告媒介众多，不同的媒介有不同的受众群体、特征和商业价值。因此，广告效果与媒介选择有关，必须科学选择合适的媒介才能达到最佳的传播效果。媒介选择是指在广告信息

图 5-14 路牌广告

图 5-15 户外灯箱广告

图 5-16 电子屏广告

图 5-17 宜家直邮广告册

发布前对媒介的挑选和决策。影响媒介选择的因素众多，其指导思想是以最小的投入获得最大的回报。

（2）广告预算。

不同的企业或品牌每年的广告预算经费是不一样的，像宝洁、可口可乐、麦当劳、耐克等跨国企业每年的广告预算超过10亿美元，而一些中小企业的广告预算则相对较少。不同的媒介有不同的广告价格。例如在中央电视台黄金时段播放一则广告最少需要上亿元，而一些地方性报纸刊载的广告费用则相对较低。

（3）广告主营销战略。

广告主营销战略影响着媒介选择。首先，广告主产品或服务进行全国性还是地区性推广，决定了选择全国性的媒介还是地方性的媒介。其次，产品是属于大众性产品还是专业性强的产品，决定了选择报纸等大众化媒介还是专业期刊或直邮等媒介形式。最后，产品定位决定了广告目标受众，需要与媒介受众具有较高的契合度。

（4）媒介商业价值。

对企业来说，选择商业价值大的媒介是理所当然的。媒介商业价值大小是一个综合考察的结果，只适用于同类媒介之间的横向比较，而不适合跨类媒介的纵向比较。综合考察媒介受众结构、媒介影响力和现有广告状况，可以作为判断其商业价值大小的参考。

（5）竞争对手的媒介策略。

在进行媒介选择时，除了要考虑广告预算、营销战略和媒介商业价值之外，还需考虑主要竞争对手的媒介策略。

5. 广告媒介选择的总体趋势

（1）从单一媒介策略向复合媒介策略转变。

单一媒介策略是指广告主集中全部力量将广告费用投放到某种媒介上，以获得较高的信息到达率和曝光频次。复合媒介策略是指广告主选择两种或多种媒介，相互配合，取长补短，以获得较高的广告覆盖率。复合媒介策略中，媒介之间分工协作，注意发行周期长的媒介和发行周期短的媒介、全国性媒介和地方性媒介、传统媒介和新媒介的搭配，保证了广告信息能够传达给有效目标受众，并且有更好的广告效果。因此，复合媒介策略成为媒介选择主流。

（2）从传统媒介到网络媒介转变。

网络媒介有巨大的优势，包括海量储存信息、海量传播信息、多媒介编码、跨地域全天候传播等。网络媒介既可作为信息传播平台，也可作为电子商务平台。网络广告形式多样，如音频、视频、搜索引擎、博客等，既可以单独运用，也可组合运用，可以在门户网站投放，也可自己制作发布，灵活机动。由于网民人数众多，网络已经成为成为广告主无法忽视的媒介。网络营销、网络广告、线上广告、数据库营销等概念的流行也说明网络媒介成为营销的新热点。

6. 广告传播的媒介组合

广告传播的媒介组合是指在广告传播的媒介计划中运用多种品类的媒介或者同品类媒介的多种具体媒介进行时间和空间上的搭配组合，以形成广告传播的合力，达到传播效果最大化的目的。媒介组合直接关系到广告的投入，也关系到传播效果的好坏。

（1）广告传播的媒介组合方式。

① 不同品类的媒介组合。根据不同的划分标准，媒介可以分成不同的品类，主要的品类包括报纸、杂志、广播、电视、户外、直邮、POP、礼品、网络和手机。广告传播媒介的组合方式既可以是其中两类的组合，如报纸和电视的组合，也可以是其中三类的组合，如报纸、电视和网络的组合，媒介组合应根据营销目标确定受众目标，将受众经常使用的媒介品类进行组合。

② 不同品类、不同媒介的组合。这种媒介组合方式较为复杂，组合时首先要考虑不同媒介品类的搭配，再考虑不同媒介的搭配。例如一种青少年运动鞋品牌，首先确定采用报纸、电视和网络的组合方式，具体选择媒介时，报纸选择《体坛周报》，电视选择湖南卫视和央视少儿频道，网络选择腾讯网和开心网，尽可能做到将目标受众完全覆盖，从而达到最佳传播效果。

（2）广告传播的媒介组合原则。

① 媒介组合应围绕有效目标受众展开。每一品类的媒介、同品类不同形式的媒介都有着不同的受众群体。媒介组合应首先明确广告传播的目标受众，然后选择与广告目标受众高度契合的媒介。事实上任何单一媒介都不可能覆盖全部的有效目标受众，因此，需要通过媒介组合提高有效目标受众的覆盖率。覆盖率越大，表明有效目标受众总量越大，广告的到达率越高，传播效果越好。

② 媒介组合应适当重复广告信息。广告信息适当重复是广告产生效果的前提。但单一品类媒介或单一媒介重复发布同一广告信息容易引起受众的审美疲劳，甚至使受众产生厌恶情绪，广告效果会适得其反。因此，需要通过媒介组合从不同的渠道传递类似的信息，既可以对广告信息进行适当重复，又可以让受众有新鲜感。

③ 媒介组合应趋于广告完全信息传播。从本质上讲，广告是一种非完全信息传播方式。受到媒介时间、空间、版面局限，广告只能有选择地生产信息和发布信息。但是，由于营销环境和传播环境的改变，满足消费者对完全信息的需求不仅理论上有可能，现实上也有可能。通过线上和线下的配合，不同品类或者不同媒介的组合，对文字、图片、影像、声音、动画等符号的编排，可以将有关产品、服务、品牌的大量信息传达给消费者。这样通过多种媒介的配合，使广告信息相互补充，变得相对完整。

④ 媒介组合应降低广告投放成本。在媒介投放时应尽量从广告主角度出发，考虑如何以最小的投入达到最大的广告效果。不同媒介广告价格相差很大，媒介策划人员应该设计多套媒介组合方案，从到达率、重复率、协同性等多方面综合比较，计算每一种方案所需的总成本，最终选择投入最少、效果最好的方案。

三、学习任务小结

通过本次课的学习，同学们已经初步了解了广告媒介的基本概念、类型、发展趋势以及广告传播的媒介组合方式，对广告媒介有了全面的认识。课后，同学们要通过学习和社会实践，进一步了解广告媒介的传播与组合方式，并将理论应用于实践。

四、课后作业

（1）思考：新媒介有哪几种形式？

（2）以小组为单位收集与整理新媒介资料，并制作成 PPT 进行展示。

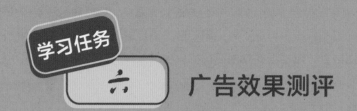

学习任务六 广告效果测评

教学目标

（1）专业能力：了解广告效果事前预测的意义与依据；掌握广告效果事后测定的方法；了解广告效果事后测定与评估应注意的问题。

（2）社会能力：能对广告效果进行事前预测；能制定全面合理的广告目标与事后评估计划表。

（3）方法能力：语言表达能力、逻辑思维能力、沟通能力、分析应变能力。

学习目标

（1）知识目标：掌握广告效果测评的基本概念和方法。

（2）技能目标：能对广告效果进行事前预测；能制定全面合理的广告目标与事后评估计划表。

（3）素质目标：能够通过小组讨论或搜集资料的方式，制定广告目标与事后评估计划表；能够清晰表述自己的观点。

教学建议

1. 教师活动

（1）课前搜集与广告效果测评相关案例，并运用多媒体课件、教学视频及表格数据，帮助学生理解广告效果评估。

（2）通过设疑、情境扮演的方式，与学生进行互动，引导学生多思考。

2. 学生活动

（1）认真观看多媒体课件及教学视频，分析案例，记录遇到的问题。

（2）通过收集资料、与教师互动、与同学们讨论的方式，解决问题。

一、学习问题导入

在广告活动中,从目标市场的选择到广告策略的采取,直至媒体的运用与组合,都是为了实现广告效果的目标。那么,我们应当如何制定科学的广告效果目标?如何实现对广告效果的事先预测与控制?如何科学地评定广告效果?本次课将学习这方面的内容。

二、学习任务讲解

1. 广告效果的界定

广告效果涉及广告主的利益期待和广告活动达成的实际效果。一般来说,广告主总是希望广告活动能实现产品或服务的销售效果,或者以行销目的为广告目的。行销目的并不等于广告目的。要实现行销目的,必须依赖全部行销要素的合理组合,行销要素中的任何一项出现问题,或组合不协调,都会影响销售效果,进而影响行销目的的达成。

销售效果也不能等同于广告效果,销售效果是全部行销要素合理组合的结果。按照行销要素的各项变数在行销中产生的效果来分项进行测定是最理想的方式。广告推广所产生的销售效果往往难以测定,广告传播中存在即时销售效果与品牌积累效果的问题。广告推广一方面不断促进即时销售,另一方面又在不断地塑造品牌形象、企业形象,积累品牌效应。广告推广所积累的品牌效应、形象效应,一方面表现为品牌、形象的利销性,促进产品或服务的长期销售,这方面的效应视为迁延效果,或者说是广告迁延效果的一个重要构成;另一方面则表现为品牌无形资产的积累。

广告效果必须以广告活动所应达成、所能达成并且能够加以科学测定的实际效果来确定。也就是说,广告效果是指在企业营销中应做什么与能做什么,应达成什么效果与能达成什么效果。

2. 广告效果的事前测试与事中检测

(1)广告效果的事前测试。

广告主在启动广告宣传之前,时刻忧心的便是广告效果究竟如何,是否能达到或接近预先期待的目标。广告效果的预测必须建立在科学的基础之上,通常采用的方法有广告作品的测试与广告发布的样本市场测试。

广告作品的测试是指对完成形式的广告在正式刊播前所作的最后认定,确认其究竟是否有效,效果如何,以决定能否以这一完成形式的广告作品来执行传播,展开媒体计划。广告作品一旦交付媒体刊播,广告主的广告投入中的绝大部分经费就已经花在了媒体刊播上,但效果究竟如何,必须接受实践的检验。就大型的广告活动而言,完成的广告作品形式并不只有一种,可以是几种。广告刊播前的测试是为了确定其中最有效的一种用于刊播的作品,这需要精通此项业务的人员来具体执行,也需要相应的仪器设备作为支持。测试的方法多种多样,如现场测试、仪器测试。广告作品的事前测试主要包括以下两方面内容。

① 受试者应是广告目标市场中的对象。因为作品的事先测试主要是了解特定目标市场对这一广告的反应,如果让一个老人去接受主要针对儿童的广告测试,这样的测试便没有多少意义。

② 测试的内容和衡量标准不是受试者对某广告的审美评判,而是作为消费者对广告所要推广的产品或劳务信息的反应。如受试者从某测试广告中获得什么样的信息;受试者怎样理解并解释这一信息;受试者的理解与广告传达的信息是否一致;广告对受试者的吸引力如何,能否引起受试者的注意;广告信息对受试者的刺激程度如何;不同曝光频次下受试者对广告的反应有何不同;广告能否使受试者对所要推广的产品或劳务产生兴趣、偏好,改变态度,甚至产生购买欲望等。

广告发布的样本市场测试是对广告效果进行科学预测的重要方式。这种方式主要针对有较大市场范围、较大规模的广告活动。从某种意义上讲，这也是一种扩大了的广告作品的事前测试，更多带有市场试验性质。如果广告刊播后，市场销售仍一如既往。首先应该检测广告能否真正吸引、感染消费者，激发消费者购买欲望；其次应该检测媒体选择是否合理，配置是否得当，传播途径是否畅达；最后还应该对整个行销过程进行全面审核，找出问题，积累经验，这一步用于大市场范围的推广传播。

（2）广告效果的事中检测。

广告的媒体刊播在整个广告活动中历时最长，尤其是长期的广告活动，因此，有必要进行阶段性效果测试。进行广告传播阶段性效果测试的依据是广告计划中所建立的广告活动阶段性目标。如在这一阶段，通过广告传播在既定的目标市场中为某品牌预计创造多大知名度，预计使多少消费者对品牌形成正确认知、产生喜爱或偏好倾向，实现情况如何，行销与广告推广的共同努力预计使目标市场产生多少试用率和再购率等。总体目标是通过阶段性目标逐步实现的，进行广告传播阶段性效果测试，目的是随时掌握广告活动的发展情况，及时发现问题并进行调整。广告传播阶段性效果测试即广告效果的事中检测，通常采用基本调查研究方法进行。

3. 广告效果的事后测定与评估

广告效果的事后测定与评估具有多重意义。第一，广告活动是由广告主出资和启动的，广告公司作为代理方，无论广告活动的效果如何，都须通过事后测定与评估，以期对广告主有一个合理的交代。第二，广告作为广告主的一种市场投资和市场营销行为的重要构成，必须通过必要的测定与评估，以期对广告这一投资行为与营销行为有更清楚的把握和正确的认识。第三，虽然事后测定与评估对这一次广告活动于事无补，但广告公司和广告主能通过评估从中总结经验，吸取教训，以期为日后广告活动提供借鉴。关于广告效果的事后测定与评估，最好在广告活动计划之初就建立一个切实的测定与评估方案，并把这个方案作为广告计划的重要内容之一，这样可以避免在广告活动事后测定与评估问题上有较大随意性。

广告效果的事后测定与评估的重点，是测定广告效果目标的达成情况。这就要求预先制定的广告效果目标必须是明确的，必须以明确的数量指标来加以衡量，如必须能够测定某品牌的知名度和受众对某品牌的偏好提高多少或达到何种程度等。设定具体目标，才能确定测定与评估的内容，建立各项具体的测定与评估的指标体系。此外，广告效果的事后测定与评估方案还应该包括对各项具体评估指标所采取的具体测定方法以及评估的执行者。评估的执行者可以是广告主、广告代理方或者是第三方。

三、学习任务小结

通过本次课的学习，同学们已经初步了解了广告效果测评的基本概念，以及广告效果的事前测试、事中检测和事后测定的方法，对广告效果测评有了全面的认识。课后，同学们要通过学习和社会实践，收集广告效果测评的案例和数据，并尝试对某产品进行广告效果测评练习。

四、课后作业

（1）思考：广告效果的事后测定与评估有什么意义？

（2）以小组为单位收集5个品牌产品的广告效果测评资料，并制作成PPT进行展示。

项目六
广告产业的未来

学习任务一　全球化背景下的广告产业
学习任务二　数字技术背景下的广告产业
学习任务三　产业融合背景下的广告产业

学习任务一 全球化背景下的广告产业

教学目标

（1）专业能力：了解全球化的基本概念和全球化背景下广告产业的发展趋势。

（2）社会能力：通过教师讲授、师生问答、小组讨论，开阔学生视野，激发学生的学习兴趣和求知欲。

（3）方法能力：具备资料收集、整理能力和案例分析能力。

学习目标

（1）知识目标：了解全球化的基本概念和内容。

（2）技能目标：了解全球化背景下广告产业的发展趋势和方向。

（3）素质目标：自主学习，举一反三，理论与实操相结合。

教学建议

1. 教师活动

（1）前期收集跨国广告公司的广告案例，并运用多媒体课件、教学视频等多种教学手段，加深学生对广告行业的认识。

（2）知识点讲授和应用案例分析应深入浅出，通俗易懂。

（3）引导学生回答问题，与学生互动分析知识点，引导学生进行小组讨论。

2. 学生活动

（1）认真听课、看课件、看视频；记录问题，积极思考问题，与教师良性互动，解决问题；总结、做笔记、写步骤、举一反三。

（2）细致观察，学以致用，积极进行小组间的交流和讨论。

一、学习问题导入

广告产业可以从狭义和广义两个角度进行理解。狭义的广告产业由从事广告制作、广告代理以及相关广告服务活动的广告公司构成。广义的广告产业则把广告活动作为市场的一个核心变量，围绕广告活动展开的广告生产、制作、消费以及其他经济活动，由广告主、广告媒介、广告专业公司和广告受众共同构成。

二、学习任务讲解

1. 全球化的基本概念

全球化是20世纪80年代以来在世界范围日益凸显的现象，也是当今时代的基本特征。全球化是指货物与资本的跨国流动，经历了跨国化、局部的国际化以及全球化这几个发展阶段。货物与资本的跨国流动是全球化的最初形态，在此过程中，出现了相应的地区性、国际性的经济管理组织与经济实体，以及文化、生活方式、价值观念、意识形态等精神力量的跨国交流、碰撞、冲突与融合。

全球化是一个以经济全球化为核心，包含各国、各民族、各地区在政治、文化、科技、军事、安全、意识形态、生活方式、价值观念等多层次和多领域的相互联系、影响、制约的多元概念。全球化可概括为科技、经济、政治、法治、管理、组织、文化、思想观念、人际交往、国际关系十个方面的全球化。其中，经济全球化和文化传播的全球化对广告行业的影响最为显著。

（1）经济全球化。

经济全球化从15世纪大航海时代就已经出现了，资本远渡重洋进入全球各个地区，利用当地资源开展生产活动，进行贸易，形成了经济全球化的雏形。20世纪50年代以后，跨国公司迅猛发展，生产活动不再局限于单一的国家。如一架波音787客机，就是由多个国家生产的部件组装而成的（图6-1）。

除了生产，产品和服务的销售也日趋全球化。无论是来自美国的耐克和苹果手机，还是来自日本的花王和资生堂品牌的产品，都可以在中国的市场上轻松购买，这就是销售全球化（图6-2）。

（2）传播全球化。

传播的全球化是传播技术革新的结果。无线电技术和数字技术的长足发展，使得信息传播的速度越来越快，传播的范围越来越广。任何一个国家发生了重要事件，都可以第一时间在全球范围内传播。

人与人之间的即时通信也非常发达，身处海外的华人可以通过即时通信软件与国内的亲友语音或视频通话。如今，"海内存知己，天涯若比邻"已经变为现实。

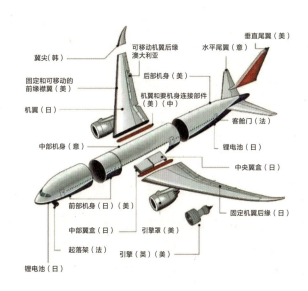

图6-1 波音飞机不同部件的产地

图6-2 耐克京东官方店

2. 全球化环境下的广告行业

在全球化的环境下，一个适应其发展的广告行业也由此产生，主要表现为以下几个方面。

（1）广告主的全球化。

经济全球化的一个表现就是涌现了大量的跨国公司，这些公司的广告传播遍及全球。

（2）广告公司的全球化。

为了更好地服务全球化的广告主，跨国广告公司应运而生，4A 广告公司正是其中的代表。美国广告代理商协会的英文全称为 American Association of Advertising Agencies，简称为 4A。它于 1917 年在美国圣路易斯成立，是全世界最早的广告代理商协会。协会成员由广告商组成，有 500 多个成员，加上这些成员的分公司共有 1200 多个会员。这些跨国广告公司在全球各个地区或城市设有分公司，如有 150 多年历史的智威汤逊，在全球就有 300 多个分公司及办事处，遍布全球主要城市。

（3）广告策略的一体化和本土化。

广告策略的一体化理论强调人的共性，无论来自任何一个国家、地区和民族的人，都有相似的生理需求和心理需求。因此公司应当把全球看作是一个完整的市场，以此提高广告传播的效率。例如耐克广告"Just do it"就属于全球统一的广告语，由于切中耐克使用者对"充满激情、敢于行动"这一精神的共鸣，在全球范围内都取得了十分不错的传播效果。

本土化理论主张不同的国家均有自己独特的文化。由于地理、历史、习俗、语言、经济、生活等方面的差异，广告的受众也不尽相同。因此在进行广告传播的时候，应该针对不同的文化差异进行不同广告创意的设计和发布。最早，可口可乐曾被翻译成"蝌蝌啃蜡"，对于中国人来说，可谓是啼笑皆非，这样的名称，想必销量不会好（图6-3）。所以理解当地文化，对广告传播是十分重要的。

图 6-3 可口可乐曾被翻译成"蝌蝌啃蜡"

三、学习任务小结

通过本次课的学习，同学们已经初步了解了全球化的基本概念和内容，以及全球化背景下广告产业的发展趋势，对全球化背景下广告产业的发展有了全面的认识。课后，同学们要通过学习，收集在全球化背景下跨国广告公司的广告案例，积累相关的广告设计素材。

四、课后作业

收集 3 个在全球化背景下跨国广告公司制作的广告案例，并制作成 PPT 进行展示。

数字技术背景下的广告产业

教学目标

（1）专业能力：了解数字技术的概念，了解数字技术背景下广告产业的发展趋势和方向。

（2）社会能力：通过教师讲授、师生问答、小组讨论，开阔学生视野，激发学生的学习兴趣和求知欲。

（3）方法能力：具备资料收集、整理能力和案例分析能力。

学习目标

（1）知识目标：了解数字技术背景下广告产业的发展趋势和方向。

（2）技能目标：掌握数字技术背景下广告的制作流程。

（3）素质目标：自主学习，举一反三，理论与实操相结合。

教学建议

1. 教师活动

（1）前期收集运用数字技术制作的广告案例，并运用多媒体课件、教学视频等多种教学手段，让学生了解广告行业。

（2）知识点讲授和应用案例分析应深入浅出，通俗易懂。

（3）引导学生回答问题，与学生互动分析知识点，引导学生进行小组讨论。

2. 学生活动

（1）认真听课、看课件、看视频；记录问题，积极思考问题，与教师良性互动，解决问题；总结、做笔记、写步骤、举一反三。

（2）细致观察，学以致用，积极进行小组间的交流和讨论。

一、学习问题导入

数字技术是一项与电子计算机相伴相生的科学技术。它借助一定的设备将各种信息，包括图、文、声、像等，转化为电子计算机能识别的二进制数字"0"和"1"后进行运算、加工、存储、传送、传播、还原。数字技术带来了媒介技术的革新，让媒介的形态发生了翻天覆地的变化，而广告传播离不开媒介，由此也必然产生变化。

二、学习任务讲解

1. 数字技术背景下的媒体发展

互联网的高速发展给以报纸、杂志为代表的传统媒体带来了极大的冲击。其他传统媒体，如电视、广播等的发展都存在一定程度的衰退。为了能够获得生存和发展，传统媒体逐渐开始运用新的传播技术来改造自己的媒介形态。传统的报纸通过新媒体的形式继续生产和传播信息。例如《南方日报》以网络化的方式继续释放自己的影响力，除了主页和App，《南方日报》在各大社交媒体平台上都有自己的账号，而曾经的读者如今也成了关注其主页的粉丝（图6-4）。

图6-4 《南方日报》的网络主页

新媒体是利用数字技术，通过计算机网络、无线通信网、卫星等渠道，以及电脑、手机、数字电视机等终端，向用户提供信息和服务的传播形态。新媒体以数字压缩和无线网络技术为支撑，利用其大容量、实时性和交互性的特点，可以跨越地理界线最终实现信息全球化。到目前为止，新媒体有三种典型的形式，即网络媒体、手机媒体和数字电视媒体。

2. 数字媒体对广告形态的改变

（1）传统广告的新形态。

传统广告在数字媒体的冲击下，一些类型面临着萎缩和淘汰，而另一些类型则与新技术结合，变化出新的形态。例如在办公大楼和住宅的电梯内设置液晶屏幕广告屏幕，在公交车、地铁和出租车上设置液晶显示屏幕等。这两种广告形态都是由传统的户外广告与新技术结合变化出来的新形式。

（2）新的广告形式。

数字技术自然也产生了新的广告形式，主要有网络广告、手机广告和数字电视广告。这三种类型的广告随着融媒体技术的发展，已经有了相互结合的趋势（图6-5）。

图 6-5 手机广告

3. 数字技术与广告运作流程的改变

传统广告运作流程是以创意与策划为中心的过程，主要环节依次为市场调查、广告策划、创意设计与制作、媒体发布、广告效果测评等。数字技术改变了现有的广告运作流程，专业化数据库成为广告经营的核心环节。广告专业化数据库主要包括三个子数据库。

（1）行业及产品数据库。

这类数据库主要提供各行各业的特点和发展情况，而这些基本数据是广告公司获得代理业务的基础，也是广告信息生产的基础。

（2）顾客数据库。

网络传播具有定向传播的特点，定向传播具有一定的针对性，可以实现广告信息与目标客户无障碍沟通。因此，网络广告传播效果建立在对目标客户充分了解的基础上。顾客数据库包含了客户群体的总体特征，如年龄、性别、收入、受教育程度等，这些数据可以为制定相应的广告策略提供依据。

（3）媒介数据库。

媒介数据库包含各类节目资料、节目生产商资料、媒介种类及数量、媒介发行量（收视率）、媒介权威性、媒介特点、媒介受众人数、媒介受众特征、媒介广告报价等。

广告专业化数据库建立通常包括数据采集、数据存储、数据处理、数据发掘、数据使用、数据完善六个环节。这既是一个长期积累的过程，也是一个循环的运作过程。

三、学习任务小结

通过本次课的学习，同学们已经初步了解了数字技术背景下广告产业的发展趋势和方向，也了解了传统媒体与数字技术相结合的方式。课后，同学们要通过学习和社会实践，进一步了解数字技术的具体形态，掌握数字技术背景下广告的制作流程。

四、课后作业

收集 3 个广告公司运用数字技术制作的广告案例，并制作成 PPT 进行展示。

学习任务三 产业融合背景下的广告产业

教学目标

（1）专业能力：了解产业融合的基本概念，了解广告产业从广告创意到产业创意的转变趋势。

（2）社会能力：通过教师讲授、师生问答、小组讨论，开阔学生视野，激发学生的学习兴趣和求知欲。

（3）方法能力：具备资料收集、整理能力和案例分析能力。

学习目标

（1）知识目标：了解产业融合的基本概念。

（2）技能目标：掌握广告产业从广告创意到产业创意的转变方式。

（3）素质目标：自主学习，举一反三，理论与实操相结合。

教学建议

1. 教师活动

（1）前期收集产业融合背景下广告公司制作的广告案例，并运用多媒体课件、教学视频等多种教学手段，加深学生对广告行业的认识。

（2）知识点讲授和应用案例分析应深入浅出，通俗易懂。

（3）引导学生回答问题，与学生互动分析知识点，引导学生进行小组讨论。

2. 学生活动

（1）认真听课、看课件、看视频；记录问题，积极思考问题，与教师良性互动，解决问题；总结、做笔记、写步骤、举一反三。

（2）细致观察，学以致用，积极进行小组间的交流和讨论。

一、学习问题导入

产业融合是指在时间上先后产生、在结构上处于不同层次的产业在同一个产业链、产业网中相互渗透、相互包含、融合发展的产业形态与经济增长方式。产业融合是用无形渗透有形、高端统御低端、先进提升落后、纵向带动横向,使低端产业成为高端产业的组成部分,实现产业升级的知识运营增长方式、发展模式与企业经营模式。

在产业融合与技术融合频频发生的时代,广告行业与传媒行业、信息行业、文化行业的边界越来越模糊,在业务和经营思路上也发生了重大改变。如何在产业融合的背景下谋发展,也是广告人需要思考的问题。

二、学习任务讲解

1. 技术融合

技术融合是指不同领域之间因为共同技术手段的应用而产生新的交汇,形成一种占据优势的技术力量,进而影响产业形态和产业制度。

2. 媒体融合

媒体融合最早由尼古拉斯·尼葛洛庞蒂提出。美国马萨诸塞州理工大学教授浦尔对媒介融合的定义是各种媒介呈现多功能一体化的趋势。其概念应该包括狭义和广义两种。狭义的媒体融合概念是指将不同的媒介形态融合在一起,并随之产生质变,形成一种新的媒介形态,如电子杂志、博客新闻等(图6-6)。广义的媒体融合概念包括一切媒介及其有关要素的结合、汇聚甚至融合,不仅包括媒介形态的融合,还包括媒介功能、传播手段、所有权、组织结构等要素的融合。

图6-6 在平板电脑上阅读的电子杂志

媒体融合是信息传输通道多元化背景下的新作业模式,它把报纸、电视台、广播电台等传统媒体与互联网、手机等新兴媒体传播渠道有效结合,资源共享,集中处理,衍生出不同形式的信息产品,并通过不同的平台传播给受众。媒体融合是信息时代背景下一种媒介发展的理念,是在互联网迅猛发展的基础上对传统媒体的有机整合。这种整合体现在两个方面,即技术的融合和经营方式的融合。

3. 产业融合

产业融合是指不同产业或同一产业不同行业相互渗透、相互交叉,最终融合为一体,逐步形成新产业的动态发展过程。产业融合可分为产业渗透、产业交叉和产业重组三类。如今，产业融合不仅仅作为一种发展趋势来进行讨论，而已是产业发展的现实选择。

4. 从广告创意到产业创意

广告创意在传统广告行业中地位较高，各大国际性广告奖项也无不以创意为评奖标准。高水平的广告创意曾一度是专业化广告公司的核心竞争力。但在技术融合和媒体融合的环境下，受众接触的信息扁平化，越来越多的信息涌入，让受众对广告产生了审美疲劳，对广告的信任度也大幅下降。单纯的广告创意已经无法解决营销难题，因此，必须从"小创意"的思维方式转变为"大创意"的思维方式。大创意是指产业创意，即广告产业要突破产业界限，通过创造性思维创造产业价值，从而实现广告产业的产业升级和战略转移。产业创意突出表现在以下几个方面。

（1）企业战略咨询创意。

广告公司通过专业化服务，为企业提供诸如新产品开发、品牌命名和定位、企业形象系统设计、品牌延伸决策、品牌的全球化管理等战略咨询业务。

（2）新媒体开发创意。

这一类创意主要聚焦在两个方面。一是大型互联网平台优势，例如新浪微博、抖音、微信、QQ等，都拥有自己的新媒体平台和相应的媒体资源。二是户外广告领域，分众传媒、高铁传媒都通过与新技术的结合，开拓出楼宇广告等新的媒体资源。

（3）整合营销传播创意。

整合营销传播是将与企业进行市场营销有关的一切传播活动一元化的过程。整合营销传播一方面把广告、促销、公关、直销、CI策划、包装、新闻媒体等一切传播活动都涵盖在营销活动的范围之内；另一方面则使企业能够将统一的信息传达给顾客。其核心思想是以企业与顾客的沟通满足顾客需要的价值为取向，确定企业统一的促销策略，协调使用各种不同的传播手段，发挥不同传播工具的优势，从而使企业实现促销宣传的低成本化，以高强冲击力达到促销高潮。

三、学习任务小结

通过本次课的学习，同学们已经初步了解了产业融合的基本概念，以及广告产业从广告创意到产业创意的转变趋势。课后，同学们要收集在产业融合背景下广告公司的广告案例，积累相关的广告设计素材。

四、课后作业

收集3个在产业融合背景下广告公司制作的广告案例，并制作成PPT进行展示。

参考文献

[1] 陈培爱. 现代广告学概论 [M]. 3 版. 北京：高等教育出版社，2014.

[2] 张贤平，黄迎新. 广告学概论 [M]. 北京：中国人民大学出版社，2012.

[3] 张金海，程明. 新编广告学概论 [M]. 武汉：武汉大学出版社，2009.

[4] 张金海. 广告学概论 [M]. 北京：中央广播电视大学出版社，2001.

[5] 陈培爱. 中外广告史教程 [M].2 版. 北京：中央广播电视大学出版社，2010.

[6] 倪宁. 广告学教程 [M].4 版. 北京：中国人民大学出版社，2014.

[7] 徐阳，张毅. 市场调查与市场预测 [M]. 北京：高等教育出版社，2005.

[8] 王晓华. 广告效果测定 [M]. 长沙：中南大学出版社，2004.

[9] 郭有献. 广告文案写作教程 [M].2 版. 北京：中国人民大学出版社，2011.